Kohlhammer

Ratgeber im
W. Kohlhammer Verlag

Hermann Delbrück

- *Bauchspeicheldrüsenkrebs*
- *Brustkrebs*
- *Chronische Leukämien*
- *Darmkrebs*
- *Ernährung für Krebserkrankte*
- *Knochenmark- und Stammzell-transplantation nach Krebs*
- *Krebsschmerz*
- *Künstlicher Darmausgang nach Krebs*
- *Lungenkrebs*
- *Magenkrebs*
- *Non-Hodgkin-Lymphome*
- *Plasmozytom/Multiples Myelom*
- *Prostatakrebs*

Ewald Becherer/Adolf E. Schindler

- *Endometriose*

Jürgen Claus/Gerhard Blümchen

- *Vor und nach einer Herzoperation*

Gerhard Hiendlmayer

- *Gerinnungshemmer*

Sabine Morgan

- *Wenn das Unfassbare geschieht – vom Umgang mit seelischen Traumatisierungen*

Freya Reinhard/Jens J. Kirsch

- *Hämorriden und der kranke Enddarm*

Peter Reisky

- *Osteoporose*

Tewes Wischmann
Heike Stammer

Der Traum vom eigenen Kind

Psychologische Hilfen bei unerfülltem Kinderwunsch

2., aktualisierte Auflage

Verlag W. Kohlhammer

2., aktualisierte Auflage 2003

Umschlag: Data Images GmbH
Gesamtherstellung:
W. Kohlhammer Druckerei GmbH + Co. Stuttgart
Printed in Germany

ISBN 3-17-018047-9

Inhalt

Eine Geschichte

Eine Frau kam zu Rabbi Israel, dem Maggid von Kosnitz, und weinte vor ihm: ein Dutzend Jahre schon sei sie vermählt und habe noch keinen Sohn. »Was willst du tun?« fragte er. Sie wusste nichts zu antworten. »Meine Mutter«, erzählte nun der Maggid, »ist alt geworden ohne ein Kind zu haben. Da hörte sie, dass der heilige Baalschem auf einer Reise in ihrer Stadt Apta weilte. Sie lief zu ihm in die Herberge und flehte ihn an, ihr einen Sohn zu erbeten. ›Was willst du tun?‹ fragte er. ›Mein Mann ist ein armer Buchbinder‹, antwortete sie, ›aber etwas Gutes habe ich doch, das will ich dem Rabbi geben.‹ Stracks lief sie heim und holte den sorgsam verwahrten guten Umhang, die ›Katinka‹ aus der Truhe. Als sie aber damit in die Herberge kam, erfuhr sie, dass der Baalschem bereits wieder nach Mesbiz abgereist sei. Sie machte sich ohne Verzug auf den Weg und ging, da sie kein Geld zum Fahren hatte, mit ihrer Katinka von Stadt zu Stadt, bis sie nach Mesbiz kam. Der Baalschem nahm die Katinka und hing sie an die Wand. ›Es ist gut‹, sagte er. Meine Mutter ging wieder von Stadt zu Stadt, bis sie nach Apta kam. Im Jahr darauf wurde ich geboren.«

»Auch ich will«, rief die Frau, »Euch einen guten Umhang von mir bringen, dass ich einen Sohn bekomme.«

»Das gilt nicht«, erwiderte der Maggid. »Du hast die Geschichte gehört. Meine Mutter hatte keine Geschichte gehört.«[1]

[1] aus Kopp, S. B. (1984): Kopfunter hängend sehe ich alles anders. Köln: Diederichs. S. 44 f.

Geleitworte

Geleitwort von Herrn Professor Strowitzki

Ein Kind bekommen zu können, wenn man es sich wünscht, wird von vielen Paaren als Ausdruck ungestörter Fruchtbarkeit wie selbstverständlich vorausgesetzt. Umso unvorbereiteter trifft sie die Konfrontation mit der Situation unerfüllter Kinderwunsch. Die moderne Medizin erlaubt immer mehr Einblick in die menschliche Fortpflanzung. Sie bietet neue Konzepte zur Diagnostik und zur Behandlung. Allein im Jahr 1999 wurden in Deutschland weit über 40 000 Behandlungszyklen für Maßnahmen der künstlichen Befruchtung durchgeführt. Oftmals ist die Behandlung aber auf die körperlichen Aspekte beschränkt. Ärzte und betroffene Paare diskutieren über Qualität von Eizellen, hormonelle Behandlungsmöglichkeiten, Embryonen oder Schwangerschaftsraten. Die starke psychologische Belastung, die Paare mit unerfülltem Kinderwunsch erfahren, bleibt dabei häufig wenig beachtet. Im Projekt der »**Heidelberger Kinderwunschsprechstunde**« wurde deshalb eine enge Zusammenarbeit zwischen Fortpflanzungsmedizin und medizinischen Psychologen initiiert, um auch psychologische Hilfe für Paare mit unerfülltem Kinderwunsch im Erstkontakt und während der Behandlung anbieten zu können. Nicht nur für die betroffenen Paare, sondern auch im Austausch zwischen Medizinern und Psychologen hat sich gezeigt, wie sehr alle, die sich mit der Problematik des unerfüllten Kinderwunsches befassen, von dieser ge-

meinsamen Betrachtungsweise profitieren. So kann sich sowohl für die Paare Hilfe als auch für die Behandelnden ein besseres Bewusstsein und Verständnis der oft unausgesprochenen Belastungen der Paare bilden.
Aus den langjährigen Erfahrungen in der psychologischen Arbeit mit Paaren mit unerfülltem Kinderwunsch ist dieser Ratgeber entstanden, ein Ratgeber, der ganz wesentlich die Lücken ergänzt, die die sonst meistens medizinisch ausgerichteten Patientenratgeber hinterlassen. Beratung und Behandlung bei unerfülltem Kinderwunsch ist eben mehr als die Reduktion auf menschliche Keimzellen und die biologischen Zusammenhänge der Fortpflanzung.

Prof. Dr. med. Thomas Strowitzki
Ärztlicher Direktor der Abteilung Gynäkologische Endokrinologie und Fertilitätsstörungen an der Universitäts-Frauenklinik Heidelberg

Geleitwort von Herrn Professor Verres

Wenn eine Frau und ein Mann den Wunsch nach einem gemeinsamen Kind haben, so scheint dies zunächst einmal die natürlichste Angelegenheit der Welt zu sein. Wird dieser Wunsch aber nicht erfüllt, so kann sich daraus eine Krise entwickeln, deren Ausgang ungewiss ist. Erfreulicherweise gibt es für den Umgang mit Krisen viele Hilfsmöglichkeiten. Davon ist in diesem Buch fachkundig die Rede.
Warum spreche ich in diesem Zusammenhang von einem »Aufbruch zu neuen Ufern«?
Weil es wichtig ist, die Aufbruchstimmung, die in einer gemeinsamen Sehnsucht enthalten ist, auch dann als ein kostbares Gut zu bewahren, wenn die Verwirklichung dieser Sehnsucht aufgrund »höherer Gewalt« in Frage gestellt ist.
Unsere Sehnsüchte sind auf Ziele und auf Erfüllung gerichtet und doch müssen wir stets mit der Unsicherheit leben, dass es nicht ge-

wiss ist, ob wir unsere selbst gesteckten Ziele auch wirklich erreichen werden. Die Metapher vom »Aufbruch zu neuen Ufern« kann uns in einer solchen Situation vielleicht dabei helfen, unseren Horizont bei der Kunst zu leben möglichst weit zu halten. Vielleicht führt uns die gemeinsame Suche zu Ufern, die noch voller Geheimnisse sind? Vielleicht erwarten uns auf unserem gemeinsamen Lebensweg Überraschungen, die wir bisher noch nie für möglich gehalten hatten? Vielleicht und hoffentlich wird unsere Sehnsucht tatsächlich erfüllt?

Der Wunsch, ein Kind oder mehrere Kinder zu bekommen, kann uns bei tieferer Betrachtung wichtige Erkenntnisse über das Wesen der Sehnsucht an sich eröffnen. Früher sagte man: »Die Frau hat ihrem Mann ein Kind geschenkt.« Bei dieser Sichtweise wurde leicht vergessen, dass es weder in der Macht der Frau noch in der Macht des Mannes liegt, ob die seelische Gemeinschaft mit der körperlichen Vereinigung zu leiblichen »Nachkommen« führen wird. Gerade die existenziellen Erfahrungen im Leben – von der Geburt bis zur Art des Sterbens – sind weit weniger von uns selbst steuerbar, als wir es gerne hätten. So gesehen bedeutet Lebenskunst, stets offen zu bleiben für die Vielfalt möglicher Entwicklungen und Risiken des eigenen und des gemeinsamen Lebens.

Manche Philosophen haben das Leben von Menschen mit einer Wanderschaft durch die Welt verglichen. André Gide hat dies sehr treffend ausgedrückt: »Es ist ein Gesetz im Leben: Wenn sich eine Tür vor uns schließt, öffnet sich eine andere. Die Tragik jedoch ist, dass man meist nach der geschlossenen Tür blickt und die geöffnete nicht beachtet.«

Die beiden Autoren des vorliegenden Buches, Tewes Wischmann und Heike Stammer, haben als Psychologen viele Jahre lang im Rahmen eines Forschungsprojekts, das an der Abteilung für Medizinische Psychologie in Zusammenarbeit mit der Frauenklinik der Heidelberger Universitätsklinik mit großzügiger Unterstützung des Bundesministeriums für Bildung und Forschung durchgeführt und wissenschaftlich evaluiert wurde, Hunderte von Paaren mit unerfülltem Kinderwunsch seelisch begleitet und unterstützt. Dabei haben wir auch mit anderen Zentren an deutschen Universitäten gut zusammen gearbeitet und unsere Erfahrungen miteinander ausgetauscht. Das Buch von Tewes Wischmann und Heike Stammer fasst die Quintessenz dieser wissenschaftlichen und therapeutischen Erfahrungen in einer, wie ich meine, vorbildlichen Weise zusammen. Es hat sich sehr bewährt, dann, wenn man sich in einer schwierigen Phase des Lebens befindet, Rat von Experten zu suchen, und sich auch darauf einzulassen, wie sich andere Menschen in vergleichbaren Situationen verhalten und nach Lösungen suchen.

Das Buch ist gut verständlich geschrieben und wissenschaftlich fundiert. Es zeigt, dass die Psychologie sehr nützlich für Menschen sein kann, die Orientierungshilfen zur Erfüllung ihrer Sehnsüchte suchen.

Professor Dr. med. Dipl.-Psych. Rolf Verres
Ärztlicher Direktor der Abteilung für Medizinische Psychologie
an der Psychosomatischen Universitätsklinik Heidelberg

Vorwort

»Meine Erfahrungen mit psychologischer Beratung: Die erste Beratung habe ich nach unserem zweiten missglückten Inseminationsversuch in Anspruch genommen. Abgesehen davon, dass die Frau, die mich beraten hat, nur die Urlaubsvertretung der eigentlichen Psychologin war, war sie mir total unsympathisch. Vielleicht hat das auch unser Gespräch beeinflusst. Nach einer halben Stunde diagnostizierte sie mir einen Mutterkomplex, Eheprobleme und im Übrigen hätte ich gar keinen ›richtigen‹ Kinderwunsch, da ich viel zu sehr mit meiner Karriere beschäftigt sei (ich hatte zu diesem Zeitpunkt gerade einen neuen Job angenommen). Das Gespräch führte jedenfalls zu keinen neuen Erkenntnissen, geschweige denn war es eine Hilfe. Nach dieser ›Beratung‹ habe ich zwei Tage fast nur geheult...Ich kann Dir aufgrund meiner Erfahrungen nur abraten, eine Psychologin aufzusuchen. Der Austausch mit Freunden und/oder Selbstbetroffenen bringt meiner Meinung nach einfach mehr.«
(K. S. im September 1999 in einem Internet-Forum)

Dieser Beitrag einer Kinderwunsch-Patientin in einem Internet-Forum bringt auf den Punkt wie psychologische Beratung bei unerfülltem Kinderwunsch häufig noch (miss-) verstanden wird. Es werden seelische Ursachen für die Kinderlosigkeit gesucht – überwiegend ausschließlich bei der Frau – und diese werden dann auch gefunden: Eine schwierige Beziehung zur eigenen Mutter, Probleme mit dem Partner und insbesondere ein »fixierter« oder egoistischer Kinderwunsch. Dass solche Annahmen in dieser Pauschalität nicht haltbar sind, können Sie sich vergegenwärtigen, wenn Sie Paare in Ihrem Umfeld betrachten, die trotz Schwierigkeiten mit sich und miteinander oder in der Beziehung zu den Eltern problemlos Kinder bekommen haben.

In den letzten Jahren sind etliche Ratgeber für Paare, die sich mit ungewollter Kinderlosigkeit auseinandersetzen, auf den Markt gekommen: Viele Bücher befassen sich mit den medizinischen Grundlagen und schulmedizinischen Therapien von Fruchtbarkeitsstörungen, in einigen Ratgebern wird auf naturheilkundliche und alternative Therapieverfahren eingegangen, bis hin zu Ratgebern zur richtigen Ernährung, Fruchtbarkeitsdiäten, kosmobiologischer Geburtenkontrolle und Luna-Yoga bei Kinderwunsch. Auch in den Medien nimmt dieses Thema einen immer größeren Raum ein. Es vergeht kaum eine Woche, in der nicht in Zeitschriftenartikeln oder in Fernsehsendungen Schicksale von Paaren mit unerfülltem Kinderwunsch aufgegriffen werden.

Weshalb dann noch ein weiterer Ratgeber? Wir sind der Meinung, dass die seelischen Aspekte ungewollter Kinderlosigkeit in vielen Fällen zu sehr am Rande abgehandelt werden – meistens unter der Rubrik »Psyche, Stress und Hormone« – gelegentlich allerdings sogar schlichtweg falsch (»Wenn eine Frau ein Kind will und keines bekommt, dann will sie unbewusst eigentlich kein Kind«). Unser Anliegen ist es, Ihnen mit diesem Ratgeber eine Hilfe zu geben, sich mit den seelischen Aspekten von Fruchtbarkeitsstörungen auf wissenschaftlich abgesicherter Grundlage zu beschäftigen. Denn die Psyche spielt bei Fruchtbarkeitsstörungen immer eine wichtige Rolle, sei es bei der (Mit-)Verursachung, viel häufiger aber noch bei der Bewältigung dieser Situation. Für etliche Paare stellt ungewollte Kinderlosigkeit eine existenzielle Krise dar, die seelisch über längere Zeit belastend sein kann, insbesondere für die Frau. Wie sie der seelischen Belastung bei ungewollter Kinderlosigkeit konkret begegnen bzw. damit besser umgehen können, wird in diesem Ratgeber aufgezeigt.

An wen sich dieser Ratgeber richtet

> *»Haben Sie schon einmal darüber nachgedacht, statt eines Patientenratgebers einen Ärzteratgeber herauszugeben? Bei unserer Behandlung wurde uns zur Berücksichtigung der seelischen Aspekte lediglich ein solcher schriftlicher Ratgeber zur Verfügung gestellt. Ein persönliches Gespräch, bei dem über die psychische Problematik des Themas gesprochen wurde, erfolgte nie. Lediglich viele Gespräche über finanzielle Aspekte der ICSI Methode. Wir wünschen mehr Aufklärung der Ärzte – nicht der Patienten – über die seelischen Aspekte. Ärzte sollten sich unbedingt Zeit für Gespräche nehmen und auch darum bemüht sein, zur Entwicklung eines Vertrauensverhältnisses beizutragen.«*
> *(Zusendung zu unserer Internet-Umfrage im Juni 2000)*

In erster Linie wendet sich dieses Buch an Paare, die sich ein Kind wünschen, bei denen sich eine Schwangerschaft aber nicht einstellt oder nicht zur Geburt eines gesunden Kindes führt. Das Paar ist hier angesprochen, also Frau und Mann, da wir davon ausgehen, dass sowohl zur Verwirklichung des Kinderwunsches beide Partner notwendig sind, als auch zur Verarbeitung des (noch) nicht erfüllten Kinderwunsches. Profitieren werden von dieser Lektüre darüber hinaus auch Angehörige, Freunde, Bekannte von ungewollt kinderlosen Paaren. Obwohl das Thema »unerfüllter Kinderwunsch« in der Öffentlichkeit inzwischen zunehmend diskutiert wird und die Vielzahl der fortpflanzungsmedizinischen Verfahren die erfolgreiche Behandelbarkeit fast aller Formen von Fruchtbarkeitsstörungen zu versprechen scheinen, ist der Umgang mit dem betroffenen Paar häufig von Hilflosigkeit, Scham und Tabuisierung geprägt. So kommt es dann immer wieder zu – meist gut gemeinten – Ratschlägen seitens der Angehörigen oder Freunde, die dann anders als beabsichtigt dem Paar keine Hilfe sind, sondern dessen Situation noch komplizierter machen. Ebenso kann dieses Buch auch Frauenärzten, insbesondere Fortpflanzungsmedizinern, Hilfestellungen geben sowie auch anderen Berufsgruppen, die ungewollt kinderlose Paare beraten oder behandeln wie z. B. Adoptionsvermittler.

Wie dieser Ratgeber aufgebaut ist

Die einzelnen Kapitel sind in der Reihenfolge angeordnet wie die Phasen der Auseinandersetzung mit dem unerfüllten Kinderwunsch üblicherweise verlaufen: Von dem allmählichen Gewahrwerden, dass sich eine Schwangerschaft nicht wie erwünscht einstellt, über die Auseinandersetzung mit den medizinischen Möglichkeiten, das Auf und Ab der Gefühle in einer fortpflanzungsmedizinischen Behandlung, bis möglicherweise der Abschied vom eigenen Kind unausweichlich ist. Einige Aspekte, die wir für wichtig halten, werden mehrfach aus unterschiedlichen Gesichtspunkten betrachtet. Dem Thema Adoption und Pflegschaft ist ein eigener Abschnitt gewidmet. Es folgt ein Kapitel zu den »typischen« Fragen und Ratschlägen von Angehörigen, Bekannten und Kollegen und Ideen dazu, wie Sie darauf reagieren können. In einem Leitfaden für einen hilfreichen Umgang mit dem unerfüllten Kinderwunsch wird Ihnen konkret aufgezeigt, wie Sie den einzelnen Phasen ungewollter Kinderlosigkeit und der medizinischen Diagnostik und Behandlung begegnen können. Abgeschlossen wird dieser Ratgeber mit Adresshinweisen und einem Glossar der wichtigsten Begriffe rund um das Thema »ungewollte Kinderlosigkeit«.
Jeweils am Ende der einzelnen Kapitel finden Sie Literaturhinweise und Internet-Tipps. Bei den Literaturhinweisen haben wir eine Auswahl von Büchern und Broschüren (Stand: November 2002) getroffen und auch Empfehlungen von Kinderwunsch-Paaren mitberücksichtigt. Unter den zahlreichen Internet-Adressen haben wir diejenigen ausgewählt, die wir für inhaltlich seriös halten und bei denen wir davon ausgehen, dass sie unter den genannten Adressen erreichbar bleiben.
In diesen Ratgeber gehen nicht nur die Erfahrungen aus unserer über sechsjährigen Studie zu psychologischen Aspekten ungewollter Kinderlosigkeit am Universitätsklinikum Heidelberg ein, in der fast 1000 Kinderwunsch-Paare psychologisch untersucht und über 350 Paare beraten worden sind. Wir haben auch viele Paare schriftlich befragt, was ihrer Meinung nach in einen Ratgeber zu

psychologischen Hilfen bei unerfülltem Kinderwunsch hineingehört. Auf unsere Umfragen im Internet zu diesem Thema antworteten weit über 100 Personen. Wir hoffen, dass wir die Anregungen entsprechend umgesetzt haben und möchten uns an dieser Stelle herzlich bei allen Paaren bedanken, die uns bei der Erstellung dieses Ratgebers durch Rückmeldungen mit zum Teil sehr persönlichen Stellungnahmen unterstützt haben.

Wir haben uns bemüht, auch in der Schreibweise den oft unterschiedlichen Erlebens- und Verhaltensweisen von Frauen und Männern mit Kinderwunsch gerecht zu werden. Wenn es uns nicht immer so gelungen sein sollte, bitten wir Sie, uns dieses nachzusehen.

Sollten Sie Verbesserungsvorschläge zu diesem Ratgeber haben, scheuen Sie sich nicht, sie uns zukommen zu lassen. Wir werden diese gerne bei einer weiteren Auflage berücksichtigen.

Abschließend möchten wir Ihnen eine Stellungnahme vorstellen, die uns auf unsere Internet-Umfrage zugesandt wurde.

Tipps für den Ratgeber:

- *Unbedingt realistische Zahlen zu Erfolgsquoten der Repromedizin bringen und warnen vor einer zu hohen Erwartungshaltung.*
- *Klare Ausführungen zu dem Problem, dass die Repromedizin nicht nur der Segen der Menschheit ist.*
- *Unbedingt informieren über körperliche und seelische Auswirkungen.*
- *Möglichst deutlich machen, dass alles nur dann erfolgreich verläuft, wenn man eine positive Einstellung hat und man sich selbst in seiner Ganzheit als Mensch wiederfindet und auch so behandelt wird.*
- *In anderen Ländern wird und wurde auch zu anderen Zeiten um die Fruchtbarkeit ein Kult betrieben, bei uns wird das alles viel zu rationell gesehen. Fruchtbarkeit muss immer gepflegt werden und sollte nicht nur dann wichtig sein, wenn es um Verhütung geht. Viele Infos rund um das Thema könnten helfen, eine wundervolle*

Sache wieder mehr in unser Bewusstsein zu rücken, alles könnte weniger kopflastig gesehen werden.

Wünsche an die Inhalte des Ratgebers:

- *Kontaktadressen und Anlaufstellen aus ganz Deutschland anbieten.*
- *Alternative Behandlungsmöglichkeiten aufzeigen und ausführlicher darstellen.*
- *Evt. verschiedene Umgangsformen bezogen auf Freunde, Arbeitgeber und die engere Familie darstellen.*

Unsere Ratschläge:

- *Es reicht nicht, nur die Hilfe eines reproduktionsmedizinischen Zentrums wahrzunehmen (medizinische Seite).*
- *Offen sein für andere Ansätze, z. B. heilpraktische Behandlungsverfahren, nicht nur eingleisig fahren.*
- *Patientinnen sollen sich sachkundig machen und immer wieder bei Ärzten nachfragen, falls notwendig auch unbequem sein, möglichst Meinung zum Umgang mit ihnen durch Ärzte und Schwestern äußern, nur so kann sich etwas im Interesse der Patientinnen ändern.*
- *Sich in sachkundige Hände begeben, egal ob Psychotherapeut/Heilpraktiker oder Repromediziner, auswählen, nichts überstürzen.*

Wir hoffen, dass wir diesen Ansprüchen gerecht werden. Unser Wunsch war es auf jeden Fall, die Ergebnisse unserer langjährigen Forschungstätigkeit[2], die vom Bundesministerium für Bildung und Forschung großzügig unterstützt wurde in eine Form zu bringen, die eine konkrete Unterstützung für betroffene Paare bedeutet und nicht ausschließlich nur die wissenschaftliche Diskussion bereichert.

---

[2] Dieser Ratgeber entstand innerhalb der Studie »Heidelberger Kinderwunsch-Sprechstunde«, die zwischen 1994 und 2000 im Förderschwerpunkt »Fertilitätsstörungen« vom Bundesministerium für Bildung und Forschung gefördert worden ist (Förderkennzeichen 01 KY 9305 und 01 KY 9606).

1 Mythen und Fakten zur ungewollten Kinderlosigkeit

Ehepaar X. (sie 36 Jahre, er 39 Jahre alt) kommt in die psychologische Beratung wegen unerfüllten Kinderwunsches. Seit zweieinhalb Jahren verhüten sie nicht mehr. Die medizinische Untersuchung ergibt einen stark eingeschränkten Befund beim Mann, so dass aus medizinischer Sicht nur die intrazytoplasmatische Spermiuminjektion (ICSI) Aussicht auf eine Schwangerschaft verspricht. Innerhalb von knapp zwei Jahren hat das Paar in einer reproduktionsmedizinischen Praxis 13-mal jeweils drei Embryonen transferieren lassen, die längste nachgewiesene Schwangerschaft währte 10 Wochen. Der behandelnde Arzt schlug dem Paar einen vierzehnten Versuch vor, die Voraussetzungen seien doch gut. Die Frau ist sich unsicher, ob sie die Strapazen weiter auf sich nehmen möchte. Auf die Frage, was das Paar noch versuchen wolle, um den Wunsch nach einem leiblichen Kind zu realisieren, wird die Idee geäußert, im Ausland eine Präimplantationsdiagnostik durchführen zu lassen, um möglicherweise vorliegende embryonale Defekte zu erkennen. Außerdem wird eine naturheilkundliche Behandlung in Erwägung gezogen. Dass die medizinische Therapie oder auch das mittlerweile eingeleitete Adoptionsverfahren »erfolglos«, also ohne Kind, bleiben könnten, ist für das Paar nicht vorstellbar.

Wir haben das erste Kapitel mit einem extremen Fallbeispiel eingeleitet, um Ihnen zu verdeutlichen, dass die fortpflanzungsmedizinische Behandlung gelegentlich einen ungünstigen Verlauf nehmen

kann: Sowohl das Paar als auch die Fortpflanzungsmediziner haben nur noch das leibliche Kind als Ziel vor Augen, andere Möglichkeiten können nicht (mehr) gesehen werden.
In diesem Abschnitt stellen wir Ihnen dar, welche Möglichkeiten, aber auch welche Schwierigkeiten die Entwicklung der Fortpflanzungsmedizin in den letzten Jahrzehnten für ungewollt kinderlose Paare mit sich gebracht hat, und was dieser medizinische Fortschritt für den Umgang des Paares mit der Kinderlosigkeit bedeuten kann.

Unerfüllter Kinderwunsch – Heutzutage kein Problem mehr?

Inzwischen sind weltweit mehr als 300 000 Kinder mit Hilfe einer künstlichen Befruchtung geboren worden. Louise Brown, das erste Kind, welches nach In-vitro-Fertilisation (IVF), also nach der Befruchtung der Eizelle im Reagenzglas an Stelle der »natürlichen« Befruchtung im Eileiter der Frau geboren wurde, ist inzwischen 25 Jahre alt. Mit der 1992 entwickelten Methode der intracytoplasmatischen Spermieninjektion (ICSI), bei dem eine einzelne Samenzelle unter dem Mikroskop direkt in die Eizelle injiziert wird, kann auch Paaren zu einem leiblichen Kind verholfen werden, bei denen der Mann einen stark eingeschränkten Befund der Spermienqualität hat. Die Zahl der auf Fortpflanzungsmedizin spezialisierten (= reproduktionsmedizinischen) Zentren ist in Deutschland in den letzten vier Jahren auf das Eineinhalbfache gestiegen, inzwischen gibt es hier über 120 solcher Praxen und Kliniken. Spitzenreiter in Europa ist Italien mit 170 reproduktionsmedizinischen Zentren. In Deutschland sind die Möglichkeiten der Fortpflanzungsmedizin derzeit noch streng geregelt (siehe weiter unten). In vielen angrenzenden Ländern sind dagegen Eizellspende, Leihmutterschaft und In-vitro-Fertilisation mit Spendersamen erlaubt (siehe Kapitel 7). Das hat in den letzten Jahren dazu geführt, dass

sich ein regelrechter »Kinderwunsch-Tourismus« entwickelt hat. Dieser wird überwiegend von den Paaren ausgeübt, welche Zugang zu den benötigten Informationen haben (z. B. über das Internet) und über die entsprechenden finanziellen Mittel verfügen.
Die Planbarkeit *gewollter* Kinderlosigkeit sowie die Entwicklung der fortpflanzungsmedizinischen Therapiemöglichkeiten in den letzten Jahren können zu der Annahme verleiten, eine gewollte Schwangerschaft sei jederzeit herstellbar. Übersehen wird dabei, dass auf die erste Schwangerschaft in der Regel gewartet werden muss – insbesondere wenn die Frau über 30 Jahre alt ist – und diese nicht selten mit einer Fehlgeburt endet.
Diese Tatsache gerät Frauen mit unerfülltem Kinderwunsch häufig aus dem Blickfeld. Sie erleben es – aus ihrer Sicht verständlich – als frustrierend, wenn eine Freundin oder Arbeitskollegin einen Monat nach Absetzen der Pille von einem positiven Schwangerschaftstest berichten kann, und realisieren dann häufig nicht, dass ein solch schneller Erfolg eher die Ausnahme ist.

Wie viele Paare betroffen sind

Schätzungsweise bleiben ca. 6–9 % aller Paare dauerhaft ungewollt kinderlos, fast jede dritte Frau mit Kinderwunsch wartet ein- oder mehrmals ein Jahr auf den Eintritt einer Schwangerschaft. Es spricht vieles dafür, dass man von einer Zunahme der Fälle ungewollter Kinderlosigkeit ausgehen kann. In den westlichen Ländern wird das erste Kind immer häufiger für ein späteres Lebensalter geplant: 1977 waren in Deutschland Frauen bei der Geburt des ersten Kindes durchschnittlich 25 Jahre alt, 20 Jahre später betrug das Durchschnittsalter bereits 29 Jahre, mit weiterhin steigender Tendenz. Die Fruchtbarkeit nimmt mit dem Alter der Frau ab: Für Frauen zwischen 19 und 25 Jahren liegt die Wahrscheinlichkeit einer Schwangerschaft pro Zyklus bei ca. 30 %, zwischen 25 und 33 Jahren dagegen bei ca. 18 %. Aus medizinischer Sicht stellen sogenannte

»Spätgebärende« ab dem 35. Lebensjahr heute keine Risikogruppe (in Bezug auf Schwangerschaftskomplikationen und Missbildungsraten der Kinder) mehr dar, wie noch vor zehn Jahren.
Alle neueren wissenschaftlichen Untersuchungen zeigen, dass das Alter der Frau von allen biologischen, psychologischen und sozialen Merkmalen am besten die Chance eines Schwangerschafteintritts vorhersagen kann. Aus psychologischer Sicht kann es sinnvoll sein, mit der Realisierung des Kinderwunsches zu warten und die Partnerschaft erst wachsen zu lassen, aus medizinischer Sicht ist es das nicht. Um die Zunahme ungewollter Kinderlosigkeit wirksam zu verhindern, sollte die gesellschaftliche und politische Entwicklung es Frauen ermöglichen, neben einem befriedigenden beruflichen Engagement auch Kinder großzuziehen. Außerdem müsste sich die gesellschaftliche Diskussion dahingehend verändern, dass Kinderkriegen nicht nur als (finanzielle) Last gesehen wird, die möglichst lange vermieden werden sollte.

Erfolgsaussichten der modernen Reproduktionsmedizin

Die Entwicklung der Fortpflanzungsmedizin in den letzten Jahrzehnten hat unglücklicherweise zu einer Polarisierung geführt: auf der einen Seite stehen kritiklose Befürworter des technisch Machbaren, auf der anderen Seite erbitterte Gegner jeglichen Eingriffs in den Prozess der Zeugung. Die Erfolgsraten der Verfahren zur künstlichen Befruchtung sind dabei ein Hauptstreitpunkt.
Es gibt leider immer wieder Fortpflanzungsmediziner, die ungewollt kinderlosen Paaren eine unrealistisch hohe Hoffnung auf ihr Wunschkind suggerieren. Das kann dann dazu führen, dass Paare sich erst nach dem erfolglosen Ende einer jahrelangen medizinischen Kinderwunschbehandlung mit alternativen Perspektiven wie z. B. einer Adoption auseinandersetzen. Aussagen, wie Sie sie gelegentlich in fortpflanzungsmedizinischen Zentren hören können:

»Sie kommen zu drei IVF-Versuchen zu uns und dann haben Sie Ihr Kind!« sind unseriös und wenig geeignet, Sie bei der Entscheidungsfindung zur Kinderwunschbehandlung zu unterstützen.
Auf der anderen Seite stehen Aussagen wie beispielsweise diese, dass »bei ca. 90 % der Fälle die IVF-Behandlungskosten von den Krankenkassen umsonst gezahlt werden«. Sachlich nicht zutreffend wird diese Behauptung bei der derzeitigen finanziellen Lage des Gesundheitssystems politisch gerne aufgegriffen – zum Nachteil derjenigen Paare, für die die fortpflanzungsmedizinische Therapie die einzige Chance bietet, zu einem leiblichen Kind zu kommen.
Allgemein werden die Erfolgsraten der Reproduktionsmedizin überschätzt. Die Rate der Lebendgeburten *(baby-take-home-rate)* liegt in Deutschland nach der In-vitro-Fertilisation immer noch bei maximal 10 % pro Behandlungsversuch (ca. 15 % pro abgeschlossener Behandlung). Ähnlich hoch liegt aber auch die Geburtenrate in der Wartezeit auf die Fruchtbarkeitsbehandlung bzw. in einer Behandlungspause. Übersehen wird auch gelegentlich, dass sich zwar mit der Zahl der Versuche die Wahrscheinlichkeit einer Schwangerschaft erhöht, aber eben nicht addiert. Mit jedem erneuten Behandlungszyklus sinkt die Schwangerschaftswahrscheinlichkeit. So muss man immer noch davon ausgehen, dass im Durchschnitt mehr als die Hälfte aller Paare die fortpflanzungsmedizinische Therapie nach vier Behandlungszyklen ohne ein leibliches Kind beenden muss.
Aber auch die Schwangerschaft nach fortpflanzungsmedizinischer Maßnahme birgt Risiken: Die um das Zwanzigfache erhöhte Wahrscheinlichkeit von Zwillingsschwangerschaften infolge hormoneller Behandlungen sollten Sie nicht unterschätzen. So sind Schwierigkeiten mit Schwangerschaft und Geburt erhöht, es kommt häufiger zu Frühgeburten, die körperliche und seelische Entwicklung von höhergradigen Mehrlingen ist oft beeinträchtigt. Mehrlinge bedeuten im Allgemeinen eine erhebliche Belastung für die Eltern, nicht nur organisatorischer und finanzieller Art. Aus diesen Erfahrungen heraus werden inzwischen europaweit bei der In-vitro-Fertilisation statt der zulässigen drei Embryonen zunächst zwei Embryonen in die Gebärmutter der Frau zurückübertragen, wenn sich das Paar damit einverstanden erklärt.

- Wenn Sie als Paar vor der Entscheidung stehen, fortpflanzungsmedizinische Verfahren für sich in Anspruch zu nehmen, sollten Sie sich vor jedem Schritt, vor jedem neuen IVF-Zyklus offen darüber miteinander austauschen, ob Sie bereit sind, in Abwägung der Erfolgsaussichten und der Risiken dieser Behandlungsverfahren den jeweils nächsten Schritt zu gehen. Insbesondere die Frau, die den weitaus größten Aufwand zu tragen hat, sollte prüfen, ob sie nicht vielleicht eine Behandlungspause einlegen will oder ob sie weitere Behandlungszyklen hauptsächlich deshalb noch auf sich nehmen will, weil die Krankenkasse die Kostenübernahme zugesagt hat.
- Fordern Sie vom behandelnden Arzt eine möglichst genaue, auf Sie als Paar zugeschnittene Einschätzung darüber ein, wie die Chance auf ein Kind in ihrem konkreten Fall eingeschätzt wird. Ziehen Sie gegebenenfalls einen zweiten Spezialisten zu Rate, um eine weitere Einschätzung zu erhalten.
- Bei einer hormonellen Stimulationsbehandlung (auch ohne nachfolgende IVF/ICSI) sollte immer eine Ultraschallkontrolle der Follikel stattfinden, um das Risiko einer Mehrlingsschwangerschaft kontrollieren zu können. Gegebenenfalls sollten Sie dann auf eine Befruchtung verzichten (Verhütung bzw. kein Geschlechtsverkehr an den fruchtbaren Tagen im entsprechenden Zyklus). Überlegen Sie bei einem anstehenden IVF-/ICSI-Versuch, ob Sie trotz der statistisch geringeren Erfolgswahrscheinlichkeit nur ein oder zwei Embryonen zurückführen lassen, um die Risiken von Mehrlingsschwangerschaften für sich und die Kinder zu minimieren.
- Aufgrund der eher geringen Erfolgschancen der fortpflanzungsmedizinischen Behandlung ist es sicherlich sinnvoll, wenn Sie schon von Beginn an miteinander Perspektiven für den Fall des Misserfolges entwickeln (»Plan B«).

Informationsbedarf betroffener Paare

Aus den zahlreichen psychologischen Beratungsgesprächen, die wir mit ungewollt kinderlosen Paaren geführt haben, insbesondere aber als Ergebnis unserer Umfragen unter betroffenen Paaren und unter Fortpflanzungsmedizinern, wurde deutlich, dass Paare mit Kinderwunsch von ihren behandelnden Ärzten mehr Informationen über psychologische Beratungsmöglichkeiten erwarteten, mehr und bezüglich der Erfolgsaussichten offenere Aufklärung über die medizinischen Behandlungsverfahren, mehr psychologische Beratung durch Ärzte und generell mehr Zeit für die Patienten. Der Wunsch nach ausführlicher Information zeigte sich auch in den am Universitätsklinikum Heidelberg mehrmals im Jahr angebotenen Informationsveranstaltungen zu den medizinischen und psychologischen Aspekten ungewollter Kinderlosigkeit: Zur ersten Veranstaltung 1995 kamen drei Paare, einige Jahre später erschienen über 30 Paare.

- Nutzen Sie die inzwischen vielfältigen Informationsmöglichkeiten, beispielsweise im Internet, und fördern Sie eine breitere Diskussion des Themas »ungewollte Kinderlosigkeit« in der Öffentlichkeit (z. B. durch Leserbriefe, eigene Beteiligung an seriösen Fernsehsendungen und in Internet-Foren). Sehr informativ und authentisch in Bezug auf den Verlauf und das Ergebnis von fortpflanzungsmedizinischen Behandlungen war die Doku-Serie »Wunschkinder« im ZDF Ende 2001.

Ursachen und Behandlungsmöglichkeiten

In diesem Ratgeber liegt der Schwerpunkt auf den seelischen Aspekten ungewollter Kinderlosigkeit. Aber einige grundlegende Informationen zu den medizinischen Ursachen und zu den medizinischen Behandlungsmöglichkeiten wollen wir an dieser Stelle geben.

- Vor Beginn einer Behandlung wegen des unerfüllten Kinderwunsches sollten *beide* Partner gründlich untersucht werden. Das mag Ihnen trivial vorkommen, aber es zeigt sich immer wieder, dass die männlichen Partner erst sehr spät in die Diagnostik miteinbezogen werden. Oder dass mit einer Therapie begonnen wird (z. B. Hormongaben), obwohl die Diagnostik noch nicht abgeschlossen ist.

Häufig findet sich nicht eine einzige schwerwiegende Ursache bei einem der Partner, sondern verschiedene Einschränkungen der Fruchtbarkeit bei beiden. Generell finden sich Störungen mit einer Häufigkeit von 30–45 % sowohl bei der Frau als auch beim Mann. Bei 15–30 % der betroffenen Paare kann es an beiden Partnern liegen. In 10 % der Fälle spricht man von idiopathischer oder ungeklärter Sterilität, weil sich mit den zur Zeit vorhandenen Untersuchungsmethoden keine organische oder seelische Ursache finden lässt und der Eintritt einer Schwangerschaft grundsätzlich jederzeit möglich scheint.

Ursachen der Fruchtbarkeitsstörungen

Bei der ***Frau*** ist die häufigste Ursache für die Fruchtbarkeitseinschränkung eine hormonelle Störung, gefolgt von Endometriose (eine gutartige Wucherung von Gebärmutterschleimhaut außerhalb der Gebärmutter, z. B. in den Eileitern) und Verschlüssen der Eileiter, seltener Gebärmuttererkrankungen oder Antikörperbildung gegen Spermien.
Beim ***Mann*** ist am häufigsten die Samenzellbildung gestört, gelegentlich auch der Samenzelltransport.

Diagnostik

Die Diagnostik sollte bei beiden Partnern gleichzeitig erfolgen. Durchschnittlich begeben sich allerdings Frauen über ein Jahr früher als Männer in die medizinische Diagnostik. Bei der Frau sind sowohl die diagnostischen als auch die therapeutischen Möglichkeiten sehr viel größer als beim Mann. Da zudem bestimmte Untersuchungen an den Zyklus der Frau gekoppelt sind, muss sie sich darauf einstellen, dass sie etliche Arztbesuche absolvieren muss und es durchschnittlich mehrere Monate dauert, bis die Diagnostik endlich abgeschlossen ist.

Diagnostik bei der Frau: Zuerst wird die Anamnese, also die medizinische Vorgeschichte erfragt. Die anschließende gynäkologische Untersuchung und eine Ultraschalluntersuchung ergeben Hinweise, ob die äußeren und inneren Geschlechtsorgane der Frau auffällig verändert sind. Mittels mehrfacher Blutentnahmen im Verlauf des Zyklus der Frau werden Hormonbestimmungen vorgenommen. Häufig wird sie gebeten, über mehrere Zyklen eine Basaltemperaturkurve zu führen, um weiteren Aufschluss über den Zyklusverlauf zu erhalten.

Ergibt die Diagnostik des Mannes (s. u.) einen unauffälligen Befund, steht bei der Frau die Durchgängigkeitsprüfung der Eileiter an, die mittels Ultraschall- oder Röntgenuntersuchung mit Kontrastmittel oder über eine Bauchspiegelung durchgeführt wird.

Diagnostik beim Mann: Neben der klinischen Untersuchung werden bei einem Spermiogramm Anzahl, Beweglichkeit und Form der Spermien unter dem Mikroskop beurteilt, meistens sind zwei oder mehr Spermiogramme erforderlich. Häufig wird noch der Postkoitaltest durchgeführt, auch »Morgen-danach«- oder »Verträglichkeitstest« genannt, bei dem beurteilt wird wie lange die Spermien des Mannes im Gebärmutterhalsschleim der Frau beweglich bleiben. Dazu wird das Paar angewiesen, nach einigen Tagen sexueller Enthaltsamkeit kurz vor dem Eisprung miteinander Geschlechtsverkehr zu haben. Bei der Frau wird dann am »Morgen danach« mittels eines Abstriches untersucht wie viele Spermien im Gebärmutterhalssekret noch beweglich sind. Sehr vielen Paaren ist dieser Test unangenehm, da die Partner dazu »Sex nach Termin« haben müssen, unabhängig von ihrer Lust. So passiert es dann auch nicht selten, dass es aufgrund des Termindrucks gar nicht zum Geschlechtsverkehr kommt, weil beim Mann (oder bei der

Frau) »nichts geht«. Die Bezeichnung »Verträglichkeitstest« ist aus psychologischer Sicht unglücklich gewählt: Bei einem negativen Testergebnis stellt sich bei einigen Paaren die Frage »Passen wir denn nicht zusammen?«. Die psychologische Verträglichkeit der Partner misst der Test natürlich nicht, so dass solche Fantasien unbegründet sind.

Therapien

Es gibt eine Vielzahl von hormonellen und chirurgischen Therapiemöglichkeiten, allerdings in erster Linie nur bei weiblicher Fruchtbarkeitsstörung. Die Wirksamkeit der (wenigen) therapeutischen Maßnahmen bei männlicher Fruchtbarkeitsstörung ist umstritten. Bei einem sehr stark eingeschränkten Spermiogramm bleibt meist nur das ICSI-Verfahren (s. u.) als Methode der Wahl übrig, wenn sich das Paar ein leibliches Kind wünscht.

An dieser Stelle soll auf die Verfahren der sogenannten »künstlichen Befruchtung« kurz eingegangen werden. Die Befruchtung selber, also das Verschmelzen der weiblichen und männlichen Erbinformationen, ist natürlich nicht künstlich. Gemeint ist, dass der Weg, Samen- und Eizelle zueinander zu bringen, künstlich vereinfacht wird.

Bei der **intrauterinen Insemination** wird mittels eines dünnen Schlauchs (Katheter) aufbereitetes Sperma direkt in die Gebärmutter eingespritzt. Die Insemination wird häufig dann durchgeführt, wenn das Spermiogramm eingeschränkt ist. Dieses Verfahren kann mit den Spermien des Partners durchgeführt werden ***(homologe Insemination),*** aber auch mit den Spermien eines Spenders ***(heterologe Insemination).*** Auf die Besonderheiten einer Spendersamenbehandlung wird in Kapitel 7 noch näher eingegangen.

Die **In-vitro-Fertilisation** (IVF) wird häufig als das Verfahren der künstlichen Befruchtung schlechthin bezeichnet. Die Befruchtung findet hierbei nicht im Eileiter der Frau statt sondern außerhalb des Mutterleibes »in vitro«, also im Reagenzschälchen im Brutschrank. Nach 48 Stunden werden maximal drei befruchtete Eizellen mittels

Katheter in die Gebärmutter übertragen (Embryotransfer). Um möglichst viele reife Eizellen (Follikel) heranreifen zu lassen, muss sich die Frau einer intensiven Hormonbehandlung unterziehen, der sogenannten Stimulation. Unter Ultraschallkontrolle und meistens unter Vollnarkose werden die Eizellen dann über die Scheide mit Hilfe einer feinen Nadel entnommen (vaginale Punktion) und im Reagenzschälchen mit dem Samen des Mannes zusammengebracht. Die IVF wird bei eingeschränktem Spermiogramm oder bei verschlossenen Eileitern angewandt, aber auch bei medizinisch ungeklärter Fruchtbarkeitsstörung (idiopathische Sterilität).
Die **intracytoplasmatische Spermieninjektion** (ICSI) stellt eine besondere Variante der IVF dar. Nach Entnahme (Punktion) der reifen Eizellen wird unter dem Mikroskop mittels eines sehr dünnen Glasröhrchens (Pipette) ein einzelnes Spermium direkt in die Eizelle durch deren Hülle injiziert. Bei sehr stark eingeschränktem Spermiogramm ist dieses Verfahren aus fortpflanzungsmedizinischer Sicht die Methode der Wahl.
Wenn Sie die IVF- bzw. ICSI-Behandlung selber bezahlen müssen – z. B. nach vorausgegangener Sterilisation oder grundsätzlich in der Schweiz, eventuell ab 2004 auch in Deutschland – müssen Sie pro Versuch mit Kosten zwischen 3500 und 5000 € rechnen, in Österreich 30% davon.
Falls Sie sich eingehender über die medizinischen Grundlagen der Fortpflanzung sowie die diagnostischen und therapeutischen Möglichkeiten informieren wollen: Inzwischen gibt es etliche Ratgeber zu den medizinischen Aspekten ungewollter Kinderlosigkeit. Zu Ihrer ersten Information ist das Medienpaket »Ungewollte Kinderlosigkeit« der Bundeszentrale für gesundheitliche Aufklärung (BZgA) sehr gut geeignet. In vier Broschüren zu ungewollter Kinderlosigkeit werden die Grundlagen der Fortpflanzung, Ursachen und Therapiemöglichkeiten von Fruchtbarkeitsstörungen sowie seelische Aspekte ungewollter Kinderlosigkeit leicht verständlich erklärt. Diese Broschüren erhalten Sie kostenlos bei der BZgA in 51 101 Köln (auch in türkischer Sprache), sie sind auch im Internet verfügbar (→ Internet-Tipps, S. 38). Zum Medienpaket gehören zusätzlich vier Videobänder zu diesen Themen (drei davon auch in

türkischer Fassung), die Sie über Landes-, Kreis- und Stadtbildstellen entleihen bzw. bei der BZgA kaufen können.
Weitere Literaturempfehlungen finden Sie am Ende dieses Kapitels (siehe S. 37)

Der ärztliche Umgang mit dem Thema: Zwischen Allmacht und Ohnmacht

Ein Drittel der Schwangerschaften entsteht unabhängig von einer fortpflanzungsmedizinischen Behandlung, d. h. während der diagnostischen Phase bzw. in der Wartezeit. Eine mögliche Erklärung dafür ist, dass viele Paare beim Behandlungsbeginn die Verantwortung für die Erfüllung des Kinderwunsches an die Fortpflanzungsmediziner abgeben können, was zu einer Entlastung des Paares im Sinne einer Stressminderung und damit zu einer Verbesserung der Schwangerschaftschance führen kann.
Derselbe Mechanismus der Verantwortungsübergabe kann bei erfolgloser Behandlung allerdings dazu führen, dass das Behandlungsteam massiv entwertet wird (»Die können ja doch nichts!«) und die Paare in einem anderen Zentrum ihr Glück suchen.
Der fortpflanzungsmedizinische technische Fortschritt führt nicht selten zu einer hoch motivierenden »Machbarkeits«-Fantasie auf Seiten der ärztlichen Behandler: bei der Zeugung eines Kindes möglicherweise entscheidend mitgeholfen zu haben, erhöht das Selbstwertgefühl in beträchtlichem Maße. Bei einer sich über mehrere Jahre erstreckenden Behandlung eines »einem ans Herz gewachsenen« Paares *ohne* Erfolg kann das Pendel ins andere Extrem ausschlagen: Frustration kann die Folge sein, ähnlich wie bei der Behandlung tödlich erkrankter Patienten. Trifft die »Machbarkeits«-Fantasie auf ein Kinderwunsch-Paar mit hohem Leidensdruck, das womöglich seine Lebensplanung inzwischen fast völlig auf die Erfüllung des Kinderwunsches eingestellt hat, kann dieses im ungünstigen Fall zu einer unvorteilhaften Allianz zwischen Paar

und Behandler führen: »der nächste Versuch wird klappen und wenn nicht der, dann sicher der übernächste«. Alle Beteiligten kennen die Zahlen der Erfolgsraten, aber aus der Wahrscheinlichkeits- wird eine Möglichkeitsstatistik. Ähnliche Mechanismen liegen eben auch der Entstehung einer Spielsucht zugrunde, wie jeder jahrelange Lotto- oder Roulettespieler bestätigen kann.

Die Psychologisierung der Unfruchtbarkeit und ihre Folgen

> *»Ich habe den Eindruck, dass seelische Aspekte als Ursache der ungewollten Kinderlosigkeit vor allem in der Öffentlichkeit weit überschätzt werden. Mich hat es sehr belastet, dass jeder wusste, dass es ja nicht klappen kann, wenn man es zwingen will. Ich habe dann immer den Umkehrschluss gezogen – ihr seid ja selber Schuld, dass es nicht klappt. Trotzdem bin ich der Meinung, dass die ungewollte Kinderlosigkeit zu einer enormen seelischen Belastung führt und halte es deshalb für sehr wichtig, rechtzeitig psychologische Beratung in Anspruch zu nehmen. Das wird sicher der Seele und der Beziehung gut tun.«*
> *(Rückmeldung einer Patientin nach Beratung)*

Insbesondere bei Vorliegen einer »idiopathischen Sterilität«, also einer Fruchtbarkeitsstörung ohne erkennbare Ursache, wird häufig von einer – möglicherweise unbewussten – psychischen Blockade ausgegangen. Das ist so nicht richtig: Zunächst wird hier idiopathische Sterilität gleichgesetzt mit psychogener Sterilität, also mit psychisch bedingter Fruchtbarkeitsstörung. Allerdings können sich hinter der Diagnose »idiopathische Sterilität« auch unzureichend diagnostizierte organische Störungen verbergen, die vielleicht später erst von einem auf Fortpflanzungsmedizin spezialisierten Arzt entdeckt werden. Nach den Leitlinien zur Psychosomatik in der Reproduktionsmedizin (siehe Strauß et al. 2000) kann von einer seelisch bedingten Fruchtbarkeitsstörung im engeren Sinne **nur in folgenden Fällen** gesprochen werden:

Eine psychisch bedingte Fruchtbarkeitsstörung liegt dann vor,
- wenn ein Paar trotz Kinderwunsches und Aufklärung durch den Arzt weiter das Fruchtbarkeit schädigende Verhalten praktiziert (z. B. Essstörung, Hochleistungssport, Genussmittel- und Medikamentenmissbrauch, extremer beruflicher Stress),
- wenn ein Paar die Schwangerschaftschancen nicht nutzt (kein Geschlechtsverkehr an den fruchtbaren Tagen oder das Vorliegen einer sexuellen Funktionsstörung, welche nicht körperlich bedingt ist),
- wenn ein Paar eine aus medizinischer Sicht unablässige Kinderwunschbehandlung bewusst zwar bejaht, sie aber dann doch nicht beginnt.

Wie Sie erkennen können, ob bei Ihnen die Fruchtbarkeitsstörung tatsächlich überwiegend seelisch bedingt ist, werden wir in Kapitel 4 beschreiben.

- Eine vorwiegend psychische Verursachung von Fruchtbarkeitsstörungen gibt es. Sie ist aber viel seltener als allgemein angenommen.
- Starker seelischer Stress beeinträchtigt bei Frauen und bei Männern die Fruchtbarkeit. Gegen übermäßigen Stress können (und sollten) Sie aktiv etwas tun (siehe Kapitel 4).

Wie weit dürfen wir gehen? Ethische Implikationen und gesetzlicher Rahmen

»Es ist immer wieder erstaunlich, mit wie viel Ignoranz ungewollt kinderlose Paare zu kämpfen haben. Warum soll man denn die Chance auf ein leibliches Kind durch künstliche Befruchtung nicht nutzen? Denk immer daran, dass die Entschei-

dung, diesen Weg zu gehen oder auch nicht zu gehen, einzig und allein Dir und Deinem Partner vorbehalten bleibt. Auf ein eigenes Kind zu verzichten, nur weil einem die Natur in Sachen Fortpflanzung einen Strich durch die Rechnung macht? Frage doch mal die Leute, die eine solche Meinung äußern, ob dann auch Nierenkranke auf die Dialyse, Herzkranke auf eine Transplantation, Kurzsichtige auf eine Brille oder Menschen mit Amputationen auf eine Prothese zu verzichten haben, nur weil die Natur hier nicht die Norm vorgesehen hat.«
(P. K. in einem Internet-Forum im März 2000)

In Deutschland sind die fortpflanzungsmedizinischen Möglichkeiten durch das Embryonenschutzgesetz seit 1991 streng geregelt. Zu den Regelungen in Österreich und in der Schweiz siehe Kapitel 7. Die Leihmutterschaft, die Eizell- und Embryonenspende sowie das Klonen sind in Deutschland verboten, bei IVF oder ICSI darf kein Spendersamen verwendet werden. Pro Zyklus dürfen maximal drei Embryonen übertragen werden. Experimente oder Untersuchungen an Embryonen sind nicht erlaubt. Dieser enge rechtliche Rahmen bietet Paaren, welche sich einer fortpflanzungsmedizinischen Behandlung unterziehen, eine große Sicherheit, was die Verwendung ihrer Eizellen bzw. Spermien angeht. Entstanden ist das Embryonenschutzgesetz aufgrund der breiten öffentlichen Diskussion bezüglich der Auswirkungen der IVF-Behandlung. Schlagwortartig soll diese Diskussion in Folgendem zusammengefasst werden: Überschreitet die Fortpflanzungsmedizin gottgegebene Grenzen und wird somit selber zum Schöpfer oder hilft sie nur der Natur auf die Sprünge? Neu entfacht wurde diese Kontroverse mit der Entwicklung des ICSI-Verfahrens, bei dem aktiv die schützende Eihülle – und damit eine natürliche Grenze – durchstoßen wird. Die Befürchtung bezüglich der IVF-Behandlung, dass es vermehrt zu Missbildungen bei den Kindern kommen könnte, hat sich in der über zwanzigjährigen Erfahrung mit dieser Methode bisher nicht bestätigt. Allerdings haben Kinder nach assistierter Reproduktion (auch Einlinge) ein geringeres Geburtsgewicht und kommen häufiger als Frühgeburten auf die Welt. Weder die Annahme, Kinder nach IVF-Behandlung würden sich in ihrer Persönlichkeit besonders gut entwickeln, da sie so sehr gewünscht waren, noch die ge-

genteilige Annahme, die Eltern wären bald über ihr Wunschkind enttäuscht und würden es deshalb vernachlässigen, haben sich bestätigt. Kinder nach IVF entwickeln sich durchschnittlich genauso normal wie spontan gezeugte Kinder. An die *fortpflanzungsmedizinische* Vorgeschichte wird vielleicht noch am ersten Geburtstag des Kindes gedacht, danach spielt sie meist keine Rolle mehr.
Wenn sich auch die Befürchtungen bezüglich der körperlichen und seelischen Entwicklung von Einlingen nach IVF nicht bewahrheitet haben, bleiben als Risikogruppe Mehrlinge. Viele Paare, welche jahrelang vergeblich auf ein Kind gewartet haben, sagen zwar: »Wir würden auch zwei oder drei Kinder nehmen, besser als gar keins!«, aber das Leben mit Drillingen (oder Vier- oder Fünflingen, die zwar nur äußerst selten durch IVF, häufiger aber durch konventionelle Hormonbehandlungen entstehen können) ist mit Sicherheit sowohl für die Eltern als auch für die Kinder eine extrem hohe Belastung.
Die Erfahrungen mit der ICSI-Methode lassen bisher noch keine Rückschlüsse zu, inwieweit durch dieses Verfahren gehäuft Missbildungen bei den Kindern auftreten. Es ist zwar davon auszugehen, dass Embryonen mit Fehlbildungen sich in der Gebärmutter nicht weiterentwickeln und als Fehlgeburt enden. Es gibt aber dennoch Hinweise, dass sich bestimmte Formen männlicher Fruchtbarkeitsstörungen auf die durch ICSI-Behandlung entstandenen Jungen vererben. Da diese Technik erst wenige Jahre alt ist, kann über die langfristigen Folgen dieses Verfahrens noch nichts ausgesagt werden.

- Welches der einzelnen Verfahren der sogenannten »künstlichen Befruchtung« Sie gegebenenfalls anwenden möchten, hängt neben der medizinischen Indikation von Ihrer seelischen und körperlichen Belastungsfähigkeit und auch von Ihrem ethischen und religiösen Hintergrund ab. Diese Entscheidungen wollen wohlüberlegt sein und sollten im Verlauf einer fortpflanzungsmedizinischen Behandlung miteinander und mit dem behandelnden Arzt immer wieder neu durchgesprochen und gegebenenfalls neu gefällt werden. Aus medizinischer und psychologischer Sicht spricht wenig dagegen, die Verfahren der sogenannten »künstlichen Befruchtung« anzuwenden.

Literaturempfehlungen

Strauß, B., Bettge, S., Bindt, C., Brähler, E., Felder, H., Gagel, D., Goldschmidt, S., Henning, K., Ittner, E., Kentenich, H., Ningel, K., Stammer, H., Verres, R., Wischmann, T., Yüksel, E. (2000): *Psychosomatik in der Reproduktionsmedizin. Leitlinien.* Zeitschrift »Reproduktionsmedizin«, S. 326–331.

Weiterhin empfehlen wir folgende drei Buchtitel:

Sautter, Th. (2000): *Wirksame Hilfen bei unerfülltem Kinderwunsch.* Trias, Stuttgart (2. Auflage).

Strowitzki, Th. (1998): *Wenn das Wunschkind ausbleibt. Ursachen, Diagnosen und Behandlungsmöglichkeiten.* Hüthig, Heidelberg.

Thöne, Chr., Rabe, Th. (1999): *Wir wollen ein Kind! Unfruchtbarkeit: Ursachen und Behandlung.* DTV Ratgeber, München (2. Auflage).

Die Bücher sind von erfahrenen Experten geschrieben, auf dem Stand der aktuellen Forschung und für Laien verständlich verfasst. Andere aus unserer Sicht empfehlenswerte Bücher und weitere Informationsquellen zum Thema »ungewollte Kinderlosigkeit« stellen wir Ihnen jeweils am Ende jeden Kapitels dieses Ratgebers vor. Bei den häufig kostenlos erhältlichen Informationsbroschüren, die von in der Fortpflanzungsmedizin tätigen Pharma-Firmen herausgegeben werden, liegt der Schwerpunkt meist in den Verfahren der künstlichen Befruchtung, auf andere Therapieverfahren wird daher eher selten eingegangen.

Internet-Tipps[3]

Im Internet können Sie vielfältige Informationen zum Thema »ungewollte Kinderlosigkeit« finden. Da im »World Wide Web« prinzipiell jede/r veröffentlichen kann, sind die Informationen auch von sehr unterschiedlicher Qualität. Um die vielfältigen Informationen zum unerfüllten Kinderwunsch im Internet zu finden, fragen Sie zunächst eine der gängigen Suchmaschinen ab (z. B. **www.abacho.de, www.altavista.de, www.fireball.de, www.google.de, www.hotbot.de, www.lycos.de, www.web.de, www.witch.de, www.yahoo.de**). Einfacher ist es, Sie benutzen gleich eine sogenannte Meta-Suchmaschine. Das ist eine Suchmaschine, die Ihre Anfrage gleichzeitig an verschiedene einzelne Suchmaschinen weiterreicht und die zurückgemeldeten Ergebnisse zusammenfasst. Hier haben sich beispielsweise **www.metager.de, www.metacrawler.de** und **www.nettz.de** bewährt. Wenn Sie nun den Suchbegriff, z. B. »Kinderwunsch« oder »kinderlos« in die Suchmaschine eingegeben haben, erhalten Sie womöglich hunderte von Trefferanzeigen. Sie können nun Seite für Seite »anklicken«, um nach für Sie interessanten Informationen zu suchen. Oder Sie nutzen die Angebote der Internetanbieter, die sich mit dieser Thematik speziell befassen. Eine Auswahl dieser Anbieter haben wir hier für Sie zusammengestellt:
Eines der umfangreichsten und qualitativ anspruchsvollsten Angebote zu ungewollter Kinderlosigkeit finden Sie unter **www.wunschkinder.de.** Hier gibt es Informationen zu biologischen Grundlagen der Empfängnis und zur Fortpflanzungsmedizin, Literaturhinweise

[3] Hinweis: Die Internet-Tipps in diesem Ratgeber stellen eine subjektive Auswahl der Autoren dar. Die Autoren übernehmen keinerlei Gewähr für die Aktualität, Korrektheit, Vollständigkeit oder Qualität der bereitgestellten Informationen bzw. für die Verfügbarkeit der Internet-Adressen. Die Autoren haben keinerlei Einfluss auf die aktuelle und zukünftige Gestaltung und auf die Inhalte der Seiten. Deshalb übernehmen sie hiermit ausdrücklich keinerlei Verantwortung für deren Inhalte.

und umfangreiche Querverweise (»Links«). Im Kinderwunsch-Forum von www.wunschkinder.de beantwortet Dr. Elmar Breitbach (der Betreiber dieser Seiten) als »Team Kinderwunsch-Seite« auf eine angenehme und kompetente Art die Fragen der zahlreichen Forumsteilnehmer/innen. Ein weiteres viel frequentiertes Forum finden Sie unter **www.rund-ums-baby.de.** Auch hier können fortpflanzungsmedizinische Experten online befragt werden.

Noch eine gute Informationsmöglichkeit, auch mit Literaturhinweisen und mit Internetforum, bieten die Seiten von **www.fertinet.de,** die von Serono (ein in der Fortpflanzungsmedizin engagiertes Pharma-Unternehmen) unterstützt werden. Der Schwerpunkt der sehr guten Diskussionsforen von **www.klein-putz.com** liegt auf dem Umgang mit fortpflanzungsmedizinischen Maßnahmen im engeren Sinne (Insemination, IVF, ICSI, Kryokonservierung). Ähnlich aufgebaut sind die Seiten von **www.wunsch-baby.de.**

Es gibt zahlreiche weitere Diskussionsforen zur ungewollten Kinderlosigkeit im Internet (z. B. auch ein bekanntes unter **www.eltern.de,** ein Forum der Zeitschrift »Eltern«). Wir haben uns darauf beschränkt, Ihnen die unserer Ansicht nach seriösesten Foren zusammenzustellen. Foren, die sich mit speziellen Fragen ungewollter Kinderlosigkeit befassen (z. B. Fehl- und Totgeburt, Adoption) finden Sie in den nachfolgenden Kapiteln.

Die Adressen der reproduktionsmedizinischen Zentren (einige bieten auf ihren Internet-Seiten umfangreiche Informationen zur Fortpflanzungsmedizin an) finden Sie auf den zuvor genannten Internetseiten und bei **www.repromed.de,** den Internetseiten des »Bundesverbandes reproduktionsmedizinischer Zentren«.

Die Broschüren des Medienpakets »Ungewollte Kinderlosigkeit« können Sie unter **www.familienplanung.de** im Internet abrufen. Psychosoziale Beratung bei unerfülltem Kinderwunsch finden Sie unter **www.bkid.de.**

Von der »Arbeitsgemeinschaft der Wissenschaftlichen Medizinischen Fachgesellschaften« (AWMF) sind Leitlinien erstellt worden, in denen aus wissenschaftlich fundierter Sicht Empfehlungen zu Diagnostik und Therapie verschiedener medizinischer Krankheitsbilder gegeben werden. Die für Sie wahrscheinlich interessante

Leitlinie »Psychosomatik in der Reproduktionsmedizin« können Sie unter **www.awmf-online.de** einsehen.
Das deutsche Embryonenschutzgesetz finden Sie auf den Seiten des Bundesgesundheitsministeriums unter **www.bmgesundheit.de.** Zu den rechtlichen Vorschriften in Österreich und der Schweiz siehe Kapitel 7 (auch mit Internetadressen).

Englische Internet-Adressen

Weitaus mehr Informationen zur ungewollten Kinderlosigkeit sind in englischer Sprache erhältlich, beispielsweise unter **www.ferti. net.** Eine gute Einstiegsmöglichkeit bietet auch die Seite **www. infertility-info.com.**
»Infertility Myths and Facts« (wie die Überschrift dieses Kapitels) heißt eine Sammlung von Mythen und Fakten zur ungewollten Kinderlosigkeit, die von der nordamerikanischen Selbsthilfeorganisation »Resolve« ins Internet gestellt worden ist (**www.resolve.org**).
Unter **www.visembryo.com** von der Organisation »The Visible Embryo« (San Francisco, USA) können Sie die Entwicklung des Menschen von der Eizelle bis zur Geburt betrachten.
Eine interessante Einführung des Genetics IVF Institute (Maryland, USA) in die Problematik von Statistiken zum Erfolg der Fortpflanzungsmedizin *(»What's your success rate?«: Understanding IVF pregnancy statistics)* finden Sie unter **www.givf.com.**

2 *Das unerwartete Ereignis und seine seelischen Folgen*

Fallbeispiel: Der erste Schock

Frau A. kam bereits mit verweinten Augen in Begleitung ihres Mannes zum psychologischen Beratungsgespräch. Bei der vorangegangenen Blutabnahme in der Frauenklinik hätten sie die Gespräche der anderen betroffenen Frauen über ihre Hormonbehandlungen sehr schockiert. Sie konnte es nicht fassen, dass sie darüber so scheinbar unbeteiligt und distanziert sprachen. Auch während des Gespräches kommen ihr häufig die Tränen, sie sei oft traurig und weine, wenn sie an eine möglicherweise kinderlose Zukunft denke. Bisher wissen nur wenige über das Fruchtbarkeitsproblem des Paares Bescheid, unter anderem auch, weil sie ständig fürchte, die Fassung zu verlieren.
Der Kinderwunsch des Paares besteht seit zwei Jahren. Vor einem Jahr haben sie sich in medizinische Behandlung begeben und vor zehn Monaten wurde eine schwere Fruchtbarkeitsstörung des Mannes diagnostiziert. Der Mann berichtet, dass er sehr betroffen von dem schlechten Spermiogrammbefund war: »wie ein Schlag auf den Kopf.« Er wäre wie betäubt von dem Arzt nach Hause gefahren.
Das Paar war vor dem Beratungstermin in unserer Abteilung das erste Mal in der Frauenklinik, um sich zu informieren. Sie hätten sich von den Ärzten zur künstlichen Befruchtung gedrängt gefühlt, die für sie zur Zeit nicht infrage käme: »Dann

entscheidet die Laborantin, welches Spermium benutzt wird.« Gleichzeitig befürchtet der Mann auch, dass er sich später Vorwürfe machen könnte, nicht alles versucht zu haben.
(Aus einer Kinderwunschberatung der Heidelberger Kinderwunsch-Sprechstunde.)

Wenn Paare – in der Regel aufgrund eines medizinischen Befundes – realisieren, dass sie ein Fruchtbarkeitsproblem haben, das zu einer langfristigen Kinderlosigkeit führen kann, löst diese Mitteilung häufig einen »Schock« aus. Aktuelle Forschungsansätze gehen davon aus, dass sich für das Erleben derjenigen, die eine Fruchtbarkeitsstörung erfahren, die gleichen Beschreibungsdimensionen eignen wie sie für andere Stressoren beschrieben werden: Unvorhersagbarkeit, Unkontrollierbarkeit, negative Bewertung und Verunsicherung. Die Frage, »Warum gerade ich?« wird dabei als besonders quälend erlebt.
Das starke psychische Leiden kinderloser Paare wird überwiegend als Folge und nicht als Ursache der Kinderlosigkeit betrachtet. Die Amerikanerin Barbara Menning (1980) war die erste, die ein psychologisches Krisenkonzept auf die Infertilitätsproblematik übertrug. In diesem Krisenkonzept wird Infertilität als auftretendes, scheinbar unlösbares Problem betrachtet, das zentrale Lebensziele infrage stellt, persönliche Ressourcen beansprucht und ungelöste Probleme aus der Vergangenheit aktualisieren kann. Verstanden werden sollte in diesem Zusammenhang auch, dass durch die schmerzhaften Gefühle im Zusammenhang mit dem unerfüllten Kinderwunsch viele Ereignisse im Gedächtnis aktiviert und damit erinnert werden, die früher ähnliche Gefühle ausgelöst haben. Dies bedeutet jedoch nicht, dass sie in einem ursächlichen Zusammenhang stehen.
Die Krise birgt das Potenzial einer längerfristigen Fehlanpassung, aber auch eines positiven Wachstumsanreizes. Sie löst ein Muster von spezifischen Gefühlen, wie Überraschung, Verleugnung, Ärger, Isolation, Schuld und Trauer aus. Eine erfolgreiche Bewältigung dieser Krise setzt voraus, dass diese Gefühle wahrgenommen und als verständliche Reaktion akzeptiert werden können.

Häufig tritt auch eine spezifische Wahrnehmungsverzerrung bei den Paaren auf, die ein Gefühl der Isolation verstärken kann: Plötzlich scheinen alle Freundinnen ohne Probleme Kinder zu bekommen. Die Straßen scheinen nur mit Familien und Kleinkindern bevölkert zu sein. Jede Andeutung in Richtung Kinderlosigkeit wird als verständnislose Kränkung erlebt. Jedes Familienfest wird zur Bedrohung, weil sich das Paar als Außenseiter erlebt und gleichzeitig Angst vor Gesprächen über seine Kinderlosigkeit hat. Hier besprechen wir mit den Paaren konkret, wie ein für sie geeigneter Umgang mit solchen Situationen aussehen kann.
Das Paar beschäftigt sich häufig mit Fantasien, welche unangenehmen Fragen und Situationen auf sie zukommen könnten und fühlt sich hilflos ausgeliefert. Gleichzeitig besprechen die Partner nicht, wie sie reagieren möchten. Interessant ist immer wieder, in welchen Rechtfertigungsdruck ein Paar geraten kann. Wir gehen davon aus, dass die Familienplanung in erster Linie Sache des Paares und eine sehr intime Angelegenheit ist. Ein Paar hat in unserer Beratung dafür eine gute Lösung gefunden: Die Frau, die immer große Angst vor den Fragen der Verwandtschaft hatte, wollte in Zukunft antworten: »Das müsst ihr mit meinem Mann besprechen.« Er wollte dann seine Meinung vertreten, die lautet: »Das bespreche ich nur mit meiner Frau.« Eine solche Reaktion macht den Adressaten deutlich, das die Frage nach der Kinderlosigkeit häufig eine Grenzüberschreitung bedeutet.

Auswirkungen auf die Partnerschaft

Wie jede Krise kann ungewollte Kinderlosigkeit ein Paar entweder enger zusammenrücken (»*Wir sind das ideale Paar*«) oder unbewältigte Konflikte aktualisieren lassen *(»Bei uns klappt nie was«)*. Beide Verarbeitungswege können in ihren Extremvarianten zu einer Einengung der Handlungs- und Entscheidungsmöglichkeiten eines Paares führen und damit einer lösungsorientierten Verarbei-

tung der Kinderlosigkeit im Wege stehen. Es lassen sich dann zwei Muster von Kommunikationsstörungen beobachten: Bei dem ersten werden negative Beziehungsaspekte und unterschiedliche Standpunkte vom Paar als bedrohlich erlebt und deshalb fast vollständig geleugnet. Hier entsteht der Eindruck, als wolle sich das Paar durch ein »Wohlverhalten« das Kind verdienen. »Das einzige, was uns im Leben fehlt, ist das Kind.« »Das Kind wäre das Sahnehäubchen.« Bei dieser Variante kann es vorkommen, dass vom Paar wichtige, möglicherweise konflikthafte Gespräche vermieden werden, die z. B. das weitere Behandlungsvorgehen betreffen, aus Angst, die Harmonie zu gefährden. Kurzfristig kann diese Strategie durchaus zu einer Entlastung des Paares führen, da es ein günstiges Verarbeitungsmuster in einer Krisensituation sein kann, sich auf die positiven Aspekte seines Lebens zu konzentrieren. Langfristig kann dieses Verhalten unter Umständen zu einer Entwicklungshemmung führen, da die Wahrnehmung widersprüchlicher Wünsche und Gefühle auch zwischen den Partnern häufig eine Voraussetzung für Veränderungen sein kann, da sie Impulse für neue Handlungs- und Lebensperspektiven bietet.
Die andere Variante einer festgefahrenen Kommunikation – wenn auch die seltenere – ist, dass andere befriedigende Beziehungsaspekte immer mehr aus dem Blick geraten, was zu ständigen gegenseitigen Schuldvorwürfen führen kann. Das Paar versucht, die Krisensituation unter Kontrolle zu bekommen, indem es die Paarkonflikte als Erklärung der Kinderlosigkeit heranzieht und sich somit mit den Grenzen der körperlichen Gegebenheiten nicht zu konfrontieren braucht. Hier wird das gewünschte Kind in einer zu starren Weise als positive Perspektive für das Paar betrachtet, das für Nähe- und Harmoniewünsche steht und die Paarbeziehung stabilisieren und entlasten soll: »Das Kind als Kitt.« Langfristig ist bei diesem Verarbeitungsmodus der Zusammenhalt des Paares zu einer *gemeinsamen* Überwindung der Krise permanent gefährdet. Die Paare geraten in eine Dauerkrise und sind dann nicht in der Lage, einander die notwendige gegenseitige emotionale Unterstützung zu geben, die sie in dieser Situation dringend brauchen.

Die »richtige« Behandlung

An unserem Fallbeispiel wird deutlich, wie wichtig die Wahrnehmung des ärztlichen Verhaltens durch das Paar ist. Selbst unsicher, was im Moment der richtige Weg zum Kind ist, kann eine zu eindeutige ärztliche Haltung für eine bestimmte Behandlung dazu führen, dass sich das Paar in seiner Ambivalenz und mit seinen Ängsten nicht verstanden fühlt. Für andere Paare kann gerade eine solche Eindeutigkeit sehr entlastend wirken. Daher empfehlen wir den Paaren in solchen Situationen immer, offen mit den Ärzten ihre Bedenken und Wünsche zu besprechen bzw. von Anfang an bei der Arztwahl zu beachten, dass sie sich bei dem Behandlungsteam aufgehoben fühlen. Gleichzeitig halten wir es für wichtig, dass sich das Paar gründlich auf Arztbesuche vorbereitet (siehe auch Kapitel 6).
Folgende Fragen können dabei hilfreich sein, die Sie sich am besten auf einen Zettel notieren, den Sie zum nächsten Arztbesuch mitbringen:

- *Was ist mein Ziel für den heutigen Arztbesuch?*
- *Welche Fragen möchte ich geklärt haben?*
- *Was habe ich aus dem letzten Gespräch nicht genügend verstanden?*
- *Welche Informationen fehlen mir noch?*

Im ersten Kapitel finden Sie die von uns empfohlenen medizinischen Patientenratgeber, die bei der Vorbereitung helfen können.

Über die Notwendigkeit, von Anfang an über Grenzen zu sprechen

Ist der erste Schock über das Fruchtbarkeitsproblem überwunden, wird mit dem behandelnden Gynäkologen ein Behandlungsplan erstellt. Falls keine schwerwiegende Fertilitätsstörung vorliegt, für

die eine künstliche Befruchtung die einzige Möglichkeit zur Erreichung einer Schwangerschaft ist, wird in der Regel mit weniger invasiven Therapien die Behandlung der Frau begonnen (s. o.). Wir empfehlen allen Beteiligten, von Anfang an über Grenzen der Behandlung zu sprechen. Sonst könnte die Gefahr bestehen, dass sich das Paar in einen Teufelskreis begibt, bei dem jeder neue Versuch als die letzte Chance angesehen wird, die unbedingt noch wahrgenommen werden muss. Dies bedeutet nicht, dass sich das Paar festlegen soll, sondern lediglich, dass systematisch Gespräche über die mögliche Notwendigkeit der Beendigung der Behandlung geführt werden.
Auch eine (anfängliche) Weigerung des Paares für bestimmte Behandlungsmethoden sollte respektiert werden. Wichtig ist jedoch für alle Beteiligten, sich eine Offenheit für mögliche Veränderungen zu erhalten. Wir erlebten Paare in der Beratung, die eine künstliche Befruchtung für sich kategorisch ausgeschlossen haben und erfuhren dann in einer schriftlichen Befragung nach drei Jahren, dass sie nun durch eine IVF-Behandlung ein gesundes Kind haben. Gleichzeitig werden uns von Behandlungszentren häufig Paare geschickt mit dem Wunsch, sie zu einer Beendigung der Behandlung zu motivieren, da sie bereits mehr als vier IVF-Behandlungszyklen ohne Erfolg hinter sich gebracht haben und trotz einer schlechten Prognose auf weiteren (selbstbezahlten) Versuchen beharren. Es gibt natürlich auch Ärzte, die sich ein Scheitern der Behandlung gerade bei jüngeren, gesunden Paaren nicht eingestehen können und diese daher zu weiteren Versuchen überreden wollen.

Literaturempfehlungen

Wie betroffene Frauen die Kinderwunschbehandlung erlebt haben, können Sie in diesen zwei Büchern nachlesen: *»Alles wird gut« … sagt ein kinderloses Paar* von Barbara Brassel (Bakiba-Verlag 2002) und *Eisprung* von Judith Uyterlinde (Goldmann 2002). Mit deftigem Humor und aus der Sicht eines betroffenen Mannes schreibt Ben Elton den Roman *Seitensprünge* (Goldmann 2001).

Internet-Tipps

Unter **www.alles-wird-gut.info** hat Barbara Brassel ihr Buch auszugsweise online veröffentlicht.

3 Der Weg durch die medizinische Diagnostik und Therapie

Auswirkungen medizinischer Diagnostik und Behandlung

»Irgendwie geht es uns allen gleich und am meisten verletzen immer wieder die ahnungslosen Fragen. Oder Kommentare wie von meiner Schwiegermutter: »Was soll das überhaupt, man kann auch ohne Kinder sehr gut leben, das muss ja gar nicht sein.« Ich hab's mittlerweile aufgegeben, man muss es wirklich selbst durchgemacht haben. Und dieser Frauenarzt hat leicht reden: Keine Hoffnungen machen! Wie denn? Das läuft doch ganz automatisch ab. Ich hab's schon versucht, in dem ich mir gesagt habe ›das klappt sowieso nicht‹ – einfach, um mich vor der allzu großen Enttäuschung zu bewahren. Es hat nicht funktioniert und ich musste mir auch noch den Spruch anhören von wegen der ›self fulfilling prophecy‹. Ich habe auch selbst gespritzt, obwohl es mich jeden Morgen wieder Überwindung gekostet hat. Mir graut schon vor dem nächsten Versuch und ich kann gar nicht mal sagen, was eigentlich das Schlimmste ist: die Spritzen, die Nebenwirkungen, die Belastung oder einfach alles zusammen. Aber ich bin mir sicher: wir alle schaffen das!!!«
(T. im Juli 2000 in einem Internet-Forum)

Als »emotional roller-coaster«, eine »Achterbahn der Gefühle«, hat Barbara Menning, Gründerin der US-amerikanischen Selbsthilfegruppenorganisation RESOLVE, das bezeichnet, was Frauen während einer fortpflanzungsmedizinischen Behandlung durchleben: Zeiten des Hoffens und Bangens, die mit Einsetzen der Monatsblutung dann häufig von einem gefühlsmäßigen Absturz abgelöst werden.

Von Menning stammt ein Phasenmodell emotionaler Zustände, die ungewollt kinderlose Paare durchleben (siehe Kasten), welches häufig Anwendung findet und auch von anderen Autorinnen erweitert wurde (z. B. Gro Guttormsen und Petra Thorn):

Psychische Reaktionen bei Fruchtbarkeitsstörungen

- Schock und Verneinung
- Ärger und Wut
- Ohnmacht
- Anfangseuphorie
- Isolation
- Schuld- und Schamgefühle
- Depression
- Trauer
- Akzeptanz

Dieses Phasenmodell psychischer Reaktionen bei Fruchtbarkeitsstörungen wurde in Anlehnung an Modelle entwickelt, wie sie aus der Auseinandersetzung mit anderen zentralen Lebensproblemen wie Tod und Sterben bekannt sind. Wie alle Theorien erhebt auch dieses Modell nicht den Anspruch auf Vollständigkeit und allgemeine Gültigkeit: Nicht bei allen betroffenen Paaren treten die Phasen in der beschriebenen Reihenfolge auf. Manche Paare überspringen einzelne Abschnitte, andere wiederholen bestimmte Phasen. Was bedeuten diese einzelnen Phasen nun konkret für Sie als Paar?

Schock und Verneinung

Wie im zweiten Kapitel bereits beschrieben trifft die Diagnose einer Fruchtbarkeitsstörung die meisten Paare unerwartet, eine Vorbereitung darauf war ihnen nicht möglich. Die bisherige gemeinsame Lebensplanung wird grundlegend in Frage gestellt. Häufig gehen mit der Schockphase intensive Gefühle wie Verzweiflung, Hoffnungslosigkeit oder Lähmung einher. Oder die Diagnosestellung wird verneint: »Das kann nicht wahr sein, die Ärzte müssen sich geirrt haben!« Das kann dann zu vermehrter Aktivität führen, so dass Paare dann viele verschiedene Ärzte aufsuchen, in der Hoffnung auf eine andere Diagnosestellung. Oder es werden alternativmedizinische Behandlungen begonnen, trotz eindeutiger organischer Gründe der Kinderlosigkeit. Zur Verneinung gehört auch, dass jedes Paar zu Beginn einer Kinderwunschbehandlung von den (geringen) Erfolgsaussichten weiß (bzw. wissen könnte), aber damit rechnet, zu der Minderzahl derjenigen Paare zu gehören, die schon beim ersten Versuch schwanger werden. Diese Phase kann einige Wochen bis Monate andauern. Wichtig ist es hierbei, dass Sie sich in dieser Zeit weder von Lähmung und Ohnmacht (»Nichts hilft wirklich«) noch vom Aktionismus (»Viel hilft viel«) völlig dominieren lassen.

Ärger und Wut

Auf fortpflanzungsmedizinische Hilfe angewiesen zu sein, kann beim Paar zu Frustration, Ärger und Wut führen. Häufig erleben wir in unseren Beratungsgesprächen starke Empörung und Abscheu über Paare, die ihre Kinder misshandeln, und über Frauen, die zum wiederholten Male ein Schwangerschaft abbrechen oder womöglich ihr Kind aussetzen. Insbesondere bei Paaren, welche ihre Beziehung sehr auf Übereinstimmung und Harmonie gründen, ist dieses Verhalten zu beobachten (siehe auch Kapitel 2). Dieser Ärger ist etwas anderes als die oft berechtigte Reaktion auf negative Erfahrungen mit der medizinischen Behandlung wie mangelnde Informationen, ständig wechselnde Ärzte und lange Wartezeiten. Hier entsteht der Ärger als Reaktion auf die erlebte Hilflosigkeit und Ohnmacht. Dieses ist ein unbewusster Versuch, die Abhängigkeitssituation in den Griff zu bekommen. Schwierig wird es dann, wenn Sie sich in dem Ärger zunehmend sozial isolieren und Hilfsangebote von anderen schroff zurückweisen. Es hilft Ihnen zwar nicht, wenn Ihr Erleben dieser Krise von anderen heruntergespielt wird (»Ohne Kinder ist es doch auch schön!«), eine abweisende Haltung Ihrerseits verhindert aber auch anteilnehmende Hilfe von anderen.

Auch auf den eigenen Körper, der den Kinderwunsch nicht erfüllt, können sich Wut und Ärger richten. Dabei sollten Sie gerade in dieser Zeit sorgsam mit ihrem eigenen Körper umgehen (siehe Kapitel 11) und mit ihm Freundschaft schließen, auch mit seinen Schwächen.

Ärger und Wut können sich in der Partnerschaft Platz schaffen. Sei es, dass bei Ihnen längst überwunden geglaubte Paarkonflikte wieder »hochkochen« können, oder dass der Umgang mit der fortpflanzungsmedizinischen Behandlung Anlass zu ehelichem Stress gibt. Das kann dann zu gegenseitigen »fruchtlosen« Vorwürfen führen: Die Frau wirft ihrem Mann vor, er würde sich zu wenig um die gemeinsame Sache kümmern. Der Mann kontert, sie würde sich zu sehr hineinsteigern. Die Anstrengung einer Kinderwunschbehandlung kann auch zu Partnerschaftsstress führen. Wenn die Verursachung der Kinderlosigkeit ausschließlich bei einem Partner gefunden worden ist, können Sie in dieser Phase von Vorwürfen und Trennungsfantasien beherrscht werden. Betrachten Sie diese Reaktionen als Ausdruck ihres inneren Aufgewühltseins und versuchen Sie andere Wege zu finden, die Anspannungen loszuwerden (z. B. im Schimpfen über andere, beim Sport, bei Ihrem Lieblingshobby) als in destruktiven Attacken innerhalb Ihrer Partnerschaft. Eine Verbesserung der Paarkommunikation ist in so einer Situation sinnvoll: Es bringt mehr, wenn Sie über die eigenen Gefühle sprechen und nicht die des Partners oder der Partnerin analysieren. Versuchen Sie, sich von den »Du machst immer...!«-Sätzen hin zu den »Ich wünsche mir …!«-Sätzen zu entwickeln. Akzeptieren Sie auch, wenn Sie beide zunächst einmal auch völlig unterschiedliche Vorstellungen haben. Gehen Sie davon aus, dass an Paarkonflikten immer beide Partner beteiligt sind. Nehmen Sie sich genügend Zeit, gegenseitige offenstehende Rechnungen miteinander vor einer oder in einer ruhigen Phase der Kinderwunschbehandlung abzuschließen. Wenn Konflikte Ihre Beziehung weitgehend beherrschen, ist es sinnvoll, eine Behandlungspause einzulegen und gegebenenfalls professionelle Hilfe aufzusuchen (siehe Kapitel 6).

Ohnmacht

Das Empfinden, der Situation ungewollter Kinderlosigkeit ausgeliefert zu sein und den eigenen Körper als versagend zu erleben, kann zu Ohnmachtsgefühlen führen. Insbesondere Paare, die gewohnt waren, ihr Leben nach Plan zu führen, werden durch die Hilflosigkeit sehr verunsichert und sind gezwungen, ihre Lebenseinstellung zu überprüfen. Die Gefahr in dieser Phase ist, dass das Paar darin stecken bleibt, passiv wird und sich lähmen lässt. Aktivitäten und Pläne zur Überwindung der Kinderlosigkeit werden auf eine unbestimmte spätere Zeit verschoben, die aktive Auseinandersetzung stagniert. Damit steigt allerdings das Risiko, dass die Jahre ins Land gehen und die Fruchtbarkeit weiter sinkt. Sollten Sie sich in der Phase des Ohnmachterlebens befinden, überlegen Sie sich, ob Sie wirklich über alle Möglichkeiten zur Erfüllung Ihres Kinderwunsches (nicht nur die medizinischen Therapien) ausreichend informiert sind. Und wenn Sie die Situation selber nicht ändern können, dann können Sie zumindest Ihre Einstellung dazu ändern. Das Leben nicht im Griff zu haben, ist nicht gleichbedeutend mit Ausweglosigkeit und Ohnmacht. Es so anzunehmen wie es ist, führt aus der Hilflosigkeit heraus.

Anfangseuphorie

Wenn ein Paar mit Kinderwunsch auf die zunächst vielfältig erscheinenden fortpflanzungsmedizinischen Möglichkeiten aufmerksam geworden ist, kommt es in den meisten Fällen zu einer Erleichterung, sogar einer Euphorie, nicht mehr ausgeliefert zu sein. Diese Anfangseuphorie hat auf das Paar einen entlastenden Effekt. Möglicherweise hängt es mit dieser Phase zusammen, dass ein Drittel aller Paare in Kinderwunschbehandlung »spontan« schwanger werden, obwohl die eigentliche medizinische Therapie noch gar nicht begonnen wurde.
Die Anfangseuphorie kann allerdings auch dazu führen, dass die Auseinandersetzung mit der möglichen endgültigen Kinderlosigkeit wieder in den Hintergrund tritt. Die meist optimistische Haltung der Ärzte wird vom Paar gerne übernommen und kann zu einer übersteigerten Erwartungshaltung an die medizinischen Möglichkeiten führen.
Wahrscheinlich werden Sie in dieser Phase erleichtert sein, dass nun endlich etwas gemacht wird. Von ärztlicher Seite werden Sie so etwas wie »Das machen wir schon!« zu hören bekommen. Die Medizin ist überwiegend auf das Handeln eingestellt, weniger auf das Abwarten. Lassen Sie sich nicht unter Druck setzen: Wann Sie welchen Behandlungsschritt gehen, das wägen Sie beide als Paar ab. Wenn Ihnen noch Informationen zur Entscheidungsfindung fehlen, scheuen Sie sich nicht, diese einzufordern.

Isolation

Die meisten Paare mit Kinderwunsch ziehen sich im Verlauf einer Kinderwunschbehandlung zunehmend von anderen zurück. Insbesondere wenn nahezu alle Paare im Freundes-, Bekannten- und Verwandtenkreis Kinder haben oder gerade bekommen, ist ein solcher Rückzug eine verständliche Schutzreaktion. Sie gehen damit den Nachfragen und Anspielungen anderer aus dem Weg und müssen sich nicht dem Anblick von Schwangeren oder Säuglingen aussetzen. Für eine begrenzte Zeit kann daher Ihr Rückzug sinnvoll sein. Schwierig kann es werden, wenn Sie gar keine außenstehende Person haben, die an Ihrer Lebenssituation der ungewollten Kinderlosigkeit Anteil nimmt. Dann verbleibt die Kinderlosigkeit im Tabubereich. Ihr Partner bleibt die einzige Person, mit der Sie darüber sprechen, was auf Dauer den Leidensdruck zu zweit verstärkt und eine Überforderung Ihrer Partnerschaft bedeuten kann. Überlegen Sie sich sorgfältig, wer von Ihren Freunden und Verwandten das Problem mittragen könnte. Durch vorsichtiges Öffnen Ihrerseits bekommen Sie mit, welche Menschen mit dem Thema in Ihrem Sinne umgehen können. Eine etwas mutigere Herangehensweise ist in vielen Fällen empfehlenswert. Auf der anderen Seite sollten Sie es sich ruhig nachsehen, wenn Sie die Familienfeste meiden, auf denen es zur Begegnung mit vielen kleinen Kindern kommen könnte. Wenn Sie gerade einen erfolglosen Behandlungszyklus hinter sich haben, sollten Sie sich auf jeden Fall einen Rückzug gestatten. Weitere Hinweise zum Umgang mit Fragen und Ratschlägen von Außenstehenden können Sie dem Kapitel 10 entnehmen.

Schuld- und Schamgefühle

Nahezu jedes Paar mit Kinderwunsch sucht nach Ursachen für die Fruchtbarkeitsstörung. Insbesondere wenn keine medizinischen Ursachen gefunden werden, fängt oft – zumindest bei der Frau – das Nachdenken und Grübeln an: »Womit haben wir das verdient? Was haben wir falsch gemacht?« Je niedriger Ihr Selbstwertgefühl ist, um so größer wird Ihre Verwundbarkeit durch so ein zentrales Lebensproblem sein. Positiv ausgedrückt: Je weniger Sie sich für das schuldig fühlen, was Ihnen im Leben zustößt, desto einfacher werden Sie den unerfüllten Kinderwunsch bewältigen können.
Eine Handlung, mit der häufig Schuldgefühle verknüpft sind, ist ein zurückliegender Schwangerschaftsabbruch der Frau in der ak-

tuellen oder einer früheren Partnerschaft. Viele Frauen mit Kinderwunsch werden von dem Gedanken gequält, ob sie damals nicht besser anders gehandelt hätten, und ob sie durch die Kinderlosigkeit für den Schwangerschaftsabbruch »gestraft« würden. Wichtig erscheint hier der Hinweis, dass nach einem medizinisch sachgerecht durchgeführtem Abbruch und komplikationsfreiem Verlauf die Chance auf eine erneute Schwangerschaft nicht gemindert ist. Falls auch Sie davon betroffen sind: Versuchen Sie sich immer wieder zu vergegenwärtigen, dass Sie die damalige Situation wahrscheinlich gründlich durchdacht haben und Sie dann die für Ihre Lebenssituation angemessenere von zwei schlechten Lösungen gewählt haben. Lassen Sie sich nach Möglichkeit von Ihrem (jetzigen) Partner darin bestärken. Das Gleiche gilt für das Schuldgefühl, sich zu spät zum eigenen Kind entschlossen zu haben. Auch hier hatten Sie beide vermutlich gute Gründe dafür, so lange gewartet zu haben. Und diese guten Gründe sollten Sie sich in der jetzigen Situation in Erinnerung rufen. Bei stark religiös orientierten Menschen tritt die Frage nach der Strafe Gottes auf: Soll ich für früheres »Fehlverhalten« durch die Kinderlosigkeit gestraft werden? Solche Gedanken können sehr quälend werden, scheuen Sie sich in so einem Falle nicht, einen geistlichen Beistand aufzusuchen, denn Sprechen lindert die Qual. Versuchen Sie die Situation nicht als Strafe aufzufassen, sondern als schwere Prüfung, vor die Sie gestellt sind, die Sie aber bestehen können.
Wenn nur bei einem Partner organische Ursachen der Kinderlosigkeit gefunden wurde, können in dieser Phase Trennungsfantasien auftreten: Der »schuldige« Partner hat Angst, dass der andere womöglich nur noch aus Verpflichtungsgefühl die Beziehung aufrecht erhält, und sie bzw. er insgeheim von einer Beziehung mit einem »fruchtbaren« Menschen träumt. Es werden sogar mehr oder weniger ernst gemeinte Aufforderungen geäußert, den Kinderwunsch mit einem anderen Partner zu erfüllen und eine neue Partnerschaft einzugehen. Solche Äußerungen sind meistens von der Hoffnung getragen, der Partner möge genau dieses nicht tun, sondern er solle die Liebe und den Bestand der Beziehung bekräftigen. Erschrecken Sie nicht, wenn Sie bei sich solche Vorstellungen und Ideen entde-

cken: »Mein Mann kann mit einer anderen Partnerin noch ein Kind bekommen«, »Für meine Frau ginge es mit einem anderen Partner viel problemloser«. Solche Gedanken treten in dieser Situation auf, wenn sie sich nicht mehr aus dem Kopf verbannen lassen, müssen Sie sie besprechen. Nehmen Sie sich dafür genügend Zeit, so dass Sie in entspannter Atmosphäre ohne äußeren Druck diese doch quälenden Sätze aussprechen können. Nach offenen Aussprachen werden Ihnen wahrscheinlich die Grundlagen ihrer Beziehung vor dem gemeinsamen Kinderwunsch wieder klarer. Trennungsfantasien stellen meistens einen Versuch da, etwas in den Griff kriegen zu wollen, was letztlich nicht zu kontrollieren ist. In den »Hochphasen« der intensiven gefühlsmäßigen Auseinandersetzung mit dem unerfüllten Kinderwunsch sollten Sie es bei Ihren jetzigen Lebensumständen belassen und unüberlegte Schritte vermeiden. Das betrifft nicht nur eine mögliche Trennung vom Partner, sondern auch beispielsweise einen Arbeitsplatzwechsel, den Abbruch von Freundschaften und ständigen Arztwechsel. Entscheidungen mit ernsthaften Folgen für die Zukunft sollten Sie möglichst nicht in Zeiten treffen, in denen Sie von Resignation, Frustration, Wut oder Depression bestimmt werden. Das Risiko ist sehr groß, dass Sie voreilige Lösungen suchen, die sich für Sie mittel- und langfristig als falsch erweisen.

Interessanterweise reagieren Frauen häufig auch mit Schuldgefühlen, wenn die Ursache der Kinderlosigkeit eindeutig bei ihrem Partner liegt. Sie begeben sich dann oft sogar in die Kinderwunschbehandlung mit der Absicht, ihren Körper optimieren zu wollen, um den schlechten Befund beim Mann »ausgleichen« zu können. Aus medizinischer Sicht ist dieses wenig sinnvoll, aus psychologischer Sicht ist es aber verständlich: Der Frau wird immer noch die Hauptverantwortung für den Kinderwunsch zugeschrieben. Diese Aufgabe wird ihr über die Erziehung und das gesellschaftliche Wertesystem vermittelt. Sich gegen diese Rolle zur Wehr zu setzen, erfordert Mut und Selbstbewusstsein.

Männer entwickeln häufig ein Schamgefühl: Kommt das Gespräch im Kollegen- oder Bekanntenkreis auf das Thema Kinder, müssen sie sich gelegentlich mit anzüglichen Bemerkungen auseinandersetzen: »Klappt's bei euch nicht? Soll ich mal nachhelfen?«. Fortpflanzungsfähigkeit und intakte Sexualität wird beim Mann häufiger als bei der Frau noch gleichgesetzt. Das ist zwar in den meisten Fällen falsch – unerfüllter Kinderwunsch ist nur in wenigen Fällen auf eine gestörte Sexualität zurückzuführen – es bringt Sie aber trotzdem in eine peinliche Situation. Mögliche Antworten darauf finden Sie in Kapitel 10.

Depression

Häufiger als der Mann durchlebt die Frau ein- oder mehrmals Phasen, in denen depressive Verstimmungen ihr Leben zu beherrschen scheinen. Die Alltagsarbeit wird zur Last, Aufgaben, die früher mit Freude und Lust verbunden waren, werden zur Pflicht und Belastung. Sexualität wird dementsprechend auch zunehmend zur lästigen Pflichtübung, wenn sie nicht sogar aus Lustlosigkeit völlig eingestellt wird. Bisherige Freizeitaktivitäten werden vernachlässigt, sogar der Urlaub bietet keine Erholung mehr, weil die gedankliche Beschäftigung mit dem Thema keine Pause kennt, und »es« im Urlaub ja besonders »gut klappen« soll. Häufig treten in dieser Phase körperliche Symptome auf: Schlaf- und Gewichtsprobleme, Kopfschmerzen, Sexualstörungen und Menstruationsbeschwerden, begleitet von genereller Kraftlosigkeit. Die Phase der Depression, die natürlich Frau und Mann auch gleichermaßen treffen kann, ist meistens mit Sprachlosigkeit auf beiden Seiten verbunden: »Wozu über das Thema weiter reden. Es ist doch alles schon besprochen worden«. Ratschläge und aufmunternde Worte haben in einer solchen Situation keinen Platz, da das Leben insgesamt weitgehend als sinnlos erscheint.
Wenn Sie sich in dieser Phase gefangen fühlen, dann besinnen Sie sich um so mehr auf die (kleinen) Dinge im Leben, die Ihnen Freude bereiten und pflegen Sie diese gezielt. Das können Tätigkeiten sein, die Sie für sich alleine machen, wie z. B. schöne Musik zu hören, Ihr Hobby zu intensivieren, in der Natur sein, Entspan-

nungsübungen machen, Ihre Kreativität entfalten, sich Wünsche zu erfüllen, die Sie bislang aufgeschoben haben. Fast noch wichtiger ist es aber, die schönen Seiten Ihrer Partnerschaft wieder aufleben zu lassen: Sich über Themen austauschen, die nichts mit dem Kinderwunsch zu tun haben, gemeinsame Unternehmungen gestalten, miteinander kuscheln und was Ihnen beiden noch gut tut. Das »Leben außerhalb des Kinderwunsches« wieder zu entdecken ist gerade in dieser Phase vonnöten. Häufig können sich Paare in dieser Phase dafür öffnen, Hilfe von Dritten einzuholen, z. B. in Form einer psychologischen Beratung, an der sinnvollerweise beide Partner teilnehmen (siehe Kapitel 6).

Trauer

Im Gegensatz zur Depression, die als »eingefrorene« Trauer bezeichnet werden kann, ist Trauer etwas Aktives: Es heißt ja auch Trauerarbeit. Die Fähigkeit zu trauern setzt seelische Heilungsprozesse in Gang. Trauerarbeit heißt Platz zu machen für die Gefühle, die kommen. Nur so wird deren Bearbeitung möglich. Erst in dem Moment, wo andere uns mit diesen schmerzlichen Gefühlen sehen und akzeptieren, können wir sie richtig ernst nehmen. Mit Schmerzen und Trauer umzugehen, müssen viele lernen wie eine Fremdsprache. In anderen Kulturen sind es Klageweiber, Schamanen oder Medizinmänner, die einen bei der Hand nehmen und durch die Trauer führen. Hierzulande jedoch gibt es kaum jemanden, oft auch keine Religion mehr, die den Weg kennt, um mit einem endgültigen Abschied umzugehen. Trauern hat in einer Gesellschaft der Jugendlichkeit, der Fitness und des Konsums keinen Platz mehr. Trauern benötigt Zeit, die sich nicht abkürzen lässt: Sie sollten sich also nicht dazu zwingen wollen (oder von anderen unter Druck setzen lassen), diese schmerzliche Lebenserfahrung in einer bestimmten Zeit überwunden haben zu müssen. Jedes Paar, jede Frau, jeder Mann braucht ihren und seinen eigenen Zeitraum dafür. Es ist ein Verlust mit vielen Seiten: Verlust von Zukunftsplänen, Verlust des sozialen Netzwerkes »Eltern«, Verlust der Möglichkeit, die eigene Familie fortzuführen. Die Trauerarbeit bei unerfülltem Kinderwunsch gestaltet sich oft schwieriger als das Trauern nach dem Verlust eines geliebten Menschen, da uns entsprechende Rituale nicht zur Verfügung stehen: Es gibt keine Trauerfeier, keine Grabstätte, keine Andenken an das Verlorene. Sie müssen von etwas Abschied nehmen, was Sie noch gar nicht kennengelernt haben, es ist ein unsichtbarer Verlust. Von daher können Sie damit rechnen, dass viele Ihrer Mitmenschen diesen Verlust nur wenig nachvollziehen können. Versuchen Sie Ihre eigenen Rituale zu finden: Verschenken Sie die restlichen Ampullen der Hormonspritzen und die Kinderwunschratgeber, richten Sie den ursprünglich als Kinderzimmer geplanten Raum als Arbeits-, Hobby- oder Gästezimmer ein, meiden sie Fernsehsendungen zum unerfüllten Kinderwunsch, melden Sie sich aus den Internet-Foren ab. Mit der Zeit werden schmerzliche Gefühle dann weniger überwältigend.

Akzeptanz

Wenn der Traum von eigenen Kind verabschiedet und die Trauerarbeit abgeschlossen ist, werden Sie für das Leben und für neue Perspektiven wieder offen sein. Akzeptanz bedeutet auch, sich mit seiner eigenen Endlichkeit auseinandergesetzt und sich mit dieser Tatsache zumindest ein Stück weit auch ausgesöhnt zu haben. Das ist in der heutigen Zeit von »Fun« und »Wellness«, die überwiegend vom Blick auf das Machbare und kaum noch auf die Grenzen bestimmt ist, und in der die Auseinandersetzung mit dem Tod weitgehend verschwunden und überwiegend Sache des Einzelnen geworden ist, allerdings sehr schwer geworden.
Akzeptanz heißt auch, dass die in der Auseinandersetzung mit dem Kinderwunsch gebundenen seelischen Energien Ihnen wieder zur Verfügung stehen. Sie werden Ihre Möglichkeiten und Fähigkeiten wiederentdecken und diese Krise als Aufbruch zu etwas Neuem in Ihrer Partnerschaft verstehen können. Nicht allen Paaren gelingt

es, diese Lebenssituation wirklich vom Gefühl her zu akzeptieren, Depression und Verbitterung bleiben. Als Beispiel hier die Aussage eines Paares: »Zurück bleibt das Gefühl über Jahre punktuell intensiv gekämpft zu haben und letztlich in einem zentralen Bereich des Ehelebens, der Fortpflanzung, gründlich versagt zu haben«. Sie sollten nicht den Anspruch haben, mit dem Thema ein für allemal abgeschlossen zu haben. Der unerfüllte Kinderwunsch wird Sie voraussichtlich im Hintergrund Ihr Leben lang begleiten, und in späteren Lebensabschnitten wird es Anlässe geben, die Sie an Ihren gemeinsam durchstandenen Weg erinnern werden.
Die Zeit und die Zuwendung, die Eltern ihren Kindern widmen, haben Kinderlose »übrig«. So gesehen, bedeutet Kinderlosigkeit nicht einseitig ein Defizit, sondern auch eine Herausforderung das, was man übrig hat, dann eben an andere weiterzugeben. Auch das, was man finanziell übrig hat, da man keine eigenen Kinder bis zum Abschluss ihrer Ausbildung finanzieren muss, eröffnet Möglichkeiten, großzügiger zu werden und sowohl sich selbst als auch anderen vielleicht noch mehr Freude zu machen.

Was den Kinderwunsch bei Frauen und Männern beeinflusst

»Bedenke auch, dass die Männer unter der Situation auch sehr, sehr leiden (geben die meisten zwar nicht zu). ... Ich wollte eigentlich auch aus Überzeugung nie eine ICSI machen (haben bereits ein Kind auf natürlichem Wege) aber nach knapp einem Jahr Gewissheit, dass mein Mann auf natürlichem Wege keine Kinder mehr zeugen kann, mit vielen Problemen und immer einem unterdrückten Kinderwunsch (hat sich körperlich bei mir ausgewirkt – Tinnitus), habe ich mich, nachdem ich alle Babysachen meines Sohnes verkauft habe und mein Mann dann erst seine wahren Gefühle gezeigt hat (wie sehr er als ›Verursacher‹ darunter leidet), entschieden – trotz aller eventuellen Nebenwirkungen – ICSI zu machen. Sicher, ob das der richtige Weg ist, weiß ich im-

mer noch nicht – aber es ist einen Versuch wert. In ein paar Wochen/Monaten werde ich wahrscheinlich schlauer sein.«
(T. im Juli 2000 in einem Internet-Forum)

Unabhängig von Rollenaufteilungen können Sie davon ausgehen, dass der Kinderwunsch bei Frauen und Männern unterschiedlich ausgeprägt ist. Das hat biologische, gesellschaftliche und psychologische Gründe. Männer können nicht schwanger werden, gebären und stillen, sie haben nicht die Möglichkeit der Erfahrung, neues Leben in die Welt zu setzen. Es gibt viele plausible Gründe dafür, dass gerade der »Gebärneid« für manche Unterdrückungen der Frauen durch die Männer verantwortlich zu machen ist. Frauen hingegen werden jeden Zyklus erneut allein schon auf körperlicher Ebene an die Möglichkeit erinnert, schwanger werden zu können. Durch die Schwangerschaft, die Geburt und das Stillen erfährt die Frau einen tiefgreifenden körperlichen Wandel. Es ist also davon auszugehen, dass der unterschiedliche Kinderwunsch von Frauen und Männern in gewissem Maß auch biologisch mitbegründet ist. Die gesellschaftlichen Bedingungen stellen Frauen und Männern unterschiedliche – und unterschiedlich bewertete – Gestaltungsmöglichkeiten ihres Lebens zur Verfügung. Für den Mann steht überwiegend nur die berufliche Karriere in Form einer Ganztagsbeschäftigung als realistische Möglichkeit zur Auswahl. Der Wunsch des Mannes nach einer Teilzeitstelle oder gar Beanspruchung von Erziehungsurlaub ist für seine berufliche – und oft auch seine soziale – Stellung ein nicht mehr zu korrigierender Rückschlag. Trotz der gesellschaftlichen Veränderungen seit den 60er Jahren ist Berufstätigkeit und Familie für die Frau noch ungleich schwieriger miteinander zu verbinden als für den Mann. Die meisten Frauen sehen sich vor das Entscheidungsdilemma »Kinder oder Berufstätigkeit« gestellt, was eben auch dazu geführt hat, dass das Alter der Erstgebärenden in den letzten Jahrzehnten zugenommen hat: Kinder sind nach wie vor auch ein großes biographisches Risiko für die Frau. Von Berufstätigen wird mehr denn je zeitliche und örtliche Flexibilität verlangt. Das belastet nicht nur viele Partnerschaften, es ist auch kinder- und elternfeindlich. Wie oft erleben wir es in der Kinderwunschberatung, dass Frauen am liebsten ihren Arbeitsplatz wechseln möchten, sich aber nicht trauen, um den neuen Arbeitgeber nicht mit einer Schwangerschaft zu brüskieren. Von den psychologischen Hintergründen dieser Aussage abgesehen, zeigen sich auch hierin die eklatanten gesellschaftlichen Missstände. Eine wirklich familienfreundliche Politik würde mehr für die Vereinbarkeit von Familiengründung und ansprechender Berufstätigkeit sorgen. Sie würde auch die gesellschaftliche Diskussion über die Rollen von Frauen und Männern in Bezug auf Kindererziehung und Geldverdienen in Gang bringen. Der Fortpflanzungsmedizin kann an dieser Stelle zu Recht der Vorwurf gemacht werden, sie unterstütze die familienfeindliche gesellschaftliche Entwicklung. Wenn auch wahrscheinlich nicht so beabsichtigt, suggerieren die Erfolgsmeldungen der Reproduktionsmedizin, Frauen könnten ihren beruflichen Plänen sorglos nachgehen und auch in höherem Alter über eine fortpflanzungsmedizinische Behandlung dann noch zu einem Kind kommen. Auf den Punkt bringt die Bremer Frauenbeauftragte Ulrike Hauffe dieses Dilemma der Fortpflanzungsmedizin, indem sie die Frage stellt, ob die Frauen in Kinderwunschbehandlung mit ihrem Körper nicht vielmehr einen gesellschaftlichen Versorgungsskandal reparieren.

Frauen und Männer erleben ungewollte Kinderlosigkeit oft unterschiedlich

> *»Man sollte immer über das gemeinsame Problem reden. Auch wenn nicht alle in der Umwelt wissen, was los ist, hilft es, wenn man über diesen Kinderwunsch reden kann. Der Mann ist meistens mindestens so traurig wie seine Frau. Er ist unglücklich, nicht nur, weil er nicht Vater wird, sondern auch, weil seine Frau unglücklich ist.«*
> *(F. auf unsere Internet-Umfrage)*

> *»Wir sind so froh, gemeinsam reden zu können. Das war bei weitem nicht immer so. Diese Erfahrung habt ihr ja auch alle*

> *schon hinter euch. Die Hauptsache ist, man bleibt im Gespräch und beschreibt Befindlichkeiten, Ängste, Freuden, Empfindungen, Wünsche und gemeinsame Ziele. Und gesteht dem Gegenüber zu, dass er es auch anders sehen darf. Denn dadurch geht man auch schon mal ungewöhnliche Wege, solange man sie gemeinsam geht.«*
> *(B. im November 2000 in einem Internet-Forum)*

Einer der häufigsten Sätze, den wir in unseren Kinderwunschberatungen von Männern hören, lautet: »Wenn's kommt, ist's gut. Wenn's nicht kommt, ist's auch gut«. So stimmt es natürlich nicht: Wenn das sehnlich gewünschte Kind nicht kommt, ist es zunächst überhaupt nicht gut. Eine solche Äußerung soll den emotionalen »Druck« lindern, soll das Hin und Her von Hoffnung und Enttäuschung abmildern. Wenn ich mir keine Hoffnung auf eine Schwangerschaft mache, muss ich auch nicht enttäuscht sein, wenn die Monatsblutung wieder eintritt. Nicht selten versucht auch die Frau, nach mehreren erfolglosen Versuchen diese Haltung einzunehmen. Dieser psychologische »Trick« funktioniert aber in den meisten Fällen nicht. Der Kinderwunsch ist ein ganz bedeutsamer Wunsch, der von intensiven Gefühlen begleitet wird, wenn er nicht erfüllt wird. Gestehen Sie es sich also ruhig zu, wenn Sie nach dem dritten oder vierten erfolglosen Behandlungszyklus immer noch nicht abgeklärt sind, sondern vielleicht noch frustrierter oder verzweifelter als am Anfang einer fortpflanzungsmedizinischen Behandlung. Achten Sie aber darauf, sich von der Trauer und Enttäuschung nicht völlig in Beschlag nehmen zu lassen.
Durchschnittlich geben Männer einen schwächeren Kinderwunsch an als ihre Partnerinnen. Auch die Belastung durch den unerfüllten Kinderwunsch wird von ihnen als geringer eingeschätzt. In vielen Fällen lässt sich dieser Unterschied zwischen den Partnern erklären durch eine – oft unbewusste – Rollenaufteilung innerhalb des Paares: Wenn die Frau immer wieder in depressive »Löcher« abstürzt, dann meint der Mann häufig, den optimistischen und sachlich-nüchternen Part der Krisenbewältigung einnehmen zu müssen, damit nicht die gesamte Partnerschaft in einen depressiven Strudel ge-

rät. Diese Rollenverteilung erscheint auf den ersten Blick sinnvoll, zieht aber auch Nachteile nach sich. So kann die Frau das Gefühl bekommen, ihr Partner entferne sich immer mehr von ihr, er nehme sie nicht mehr ernst in ihren Gefühlen der Trauer und Verzweiflung. Und es kann dazu führen, dass der Mann immer weniger seinen eigenen Kummer wahrnehmen kann, was die Verständigung mit seiner Partnerin noch mehr erschwert. Beachten Sie, dass Männer im Allgemeinen nicht gefördert werden, ihre Gefühle klar wahrzunehmen oder gar offen zu zeigen. Achten Sie also darauf, ob bei Ihnen diese Rollenverteilung vorliegt, und ob sie Ihnen hilfreich erscheint oder Sie eher einengt.

- **Für das Paar:** Wenn Sie wieder durch eine Phase der Enttäuschung und Trauer hindurchgehen müssen: Wie können Sie mehr von dem machen, was Sie vor der Zeit Ihres unerfüllten Kinderwunsches zufriedengestellt hat? Das kann beispielsweise ein spontaner Kurzurlaub über das Wochenende sein, ein gemeinsamer Konzert- oder Theaterbesuch, ein Essen in romantischer Atmosphäre, sportliche Betätigung. Oder Sie machen wieder jeder etwas mehr für sich: Sich mit alten Freunden verabreden (ohne deren Kinder), die Hobbies pflegen und neue Freizeitaktivitäten für sich entdecken. Vor allem aber: Bleiben Sie miteinander im Gespräch.
- **Für die Frau:** Erwarten Sie nicht, dass Ihr Partner in gleichem Maße sein Leiden an der Kinderlosigkeit ausdrückt wie Sie es vielleicht machen. Männer sind im Allgemeinen im Umgang mit Gefühlen introvertierter und hilfloser als Frauen. Auch leidet der Mann häufig nicht so am unerfüllten Kinderwunsch wie die Frau. Versuchen Sie zu akzeptieren, dass Ihr Partner mit dieser Krise womöglich anders umgeht als Sie. Vielleicht hilft es Ihnen sogar, eine andere Sicht Ihrer Situation zu bekommen und optimistischer in die Zukunft zu schauen. Lassen Sie sich aber nicht einreden, es dürfte Ihnen nichts ausmachen. Scheuen Sie nicht eine offene Auseinandersetzung darüber, dass Sie sich mehr Anteilnahme – kein »Mitleid« – wünschen. Und wenn Ihr Partner behauptet, er hätte kein Problem mit der Kinderlosigkeit, dann

bieten Sie ihm die Hälfte von Ihrem Problem an. Sie können ihm zum Beispiel Terminvereinbarungen für die Kinderwunschbehandlung übertragen oder auch Gespräche mit Angehörigen über ihre augenblickliche Situation führen lassen. Dies sind gute Möglichkeiten, Ihren Mann in Kontakt mit den Schwierigkeiten der Kinderwunschbehandlung kommen zu lassen. Wenn Sie den Eindruck haben, der Kinderwunsch sei eindeutig mehr auf Ihrer Seite, und Ihr Partner spricht sich doch gegen ein Kind aus, dann lassen Sie ihn für die Verhütung Sorge tragen. Das wäre dann konsequent.

- **Für den Mann:** Wenn Sie Ihre Partnerin im Umgang mit dem unerfüllten Kinderwunsch unterstützen wollen, helfen Sie ihr in der Regel mehr damit, wenn Sie diese Situation nicht bagatellisieren, sondern am Leiden Ihrer Partnerin Anteil nehmen. Wenn Sie allerdings den Eindruck haben, dass sie immer weiter in eine Spirale der Depression hineingezogen wird, sollten Sie sie mit Ihrer Wahrnehmung konfrontieren. Wenn Sie sich weniger durch den unerfüllten Kinderwunsch belastet fühlen als Ihre Partnerin, dann können Sie sie in der Gestaltung sozialer Kontakte, z. B. auf Familienfesten entlasten, indem Sie die Initiative ergreifen und die Gesprächsthemen vorgeben oder die Teilnahme an solchen Treffen absagen. Innerhalb der Kinderwunsch-Behandlung können Sie Ihre Partnerin in einigen Bereichen entlasten. So können Sie zum Beispiel die Krankmeldungen für Ihre Partnerin bei deren Arbeitgeber abgeben.

Der Umgang mit der Wartezeit

> *»Wenn ich lese, dass einige von euch schon nach vier Monaten am Verzweifeln sind, dann verwundert mich das schon (obwohl ich die Trauer und die Gefühle respektiere). Und ich möchte euch eigentlich sagen, hey, macht das nicht, steigert euch nicht in so was rein, das Leben läuft nicht so. Alle wichtigen Dinge im Leben brauchen etwas Zeit und Geduld, erst recht ein neuer*

Mensch, der entsteht. Genauso wenn man sich verliebt. Es läuft einem doch der richtige Mann auch nicht einfach so über den Weg. Manchmal muss man eben warten und das Warten gehört auch zum Leben, auch die Erfahrungen und die Gefühle, die man dabei hat. (...) Aber es ist im Leben tatsächlich so, dass man nicht alles hat. Es gibt keine Garantie dafür. Auch wenn es manchmal so aussieht, als ob bei anderen die Kinder einfach so dahergepurzelt kommen. Bei vielen meiner Freundinnen ist es nicht so. Viele haben wie ich lange darauf gewartet oder hatten ein trauriges Erlebnis wie eine Fehlgeburt. Heute verbinden mich gerade mit diesen Frauen sehr freundschaftliche Gefühle. Weil wir durch das Warten etwas wichtiges über das Leben gelernt haben.«
(E. im Dezember 2000 in einem Internet-Forum)

Während die frühere Definition der Weltgesundheitsorganisation WHO von ungewollter Kinderlosigkeit erst nach zwei Jahren ungeschützten Geschlechtsverkehrs sprach, ist es heute üblich geworden, diese Grenze schon bei einem Jahr anzusetzen. Bei Frauen über 35 Jahren wird häufig nach einem halben Jahr zur medizinischen Diagnostik und Behandlung geraten. Die Zahl der Paare, die sich einer IVF-Behandlung unterziehen, steigt in Deutschland jedes Jahr um ca. 20 %, wobei nicht davon auszugehen ist, dass die Zahl der ungewollt kinderlosen Paare jährlich um den gleichen Prozentsatz steigt. Das heißt, dass immer mehr Paare immer früher die fortpflanzungsmedizinischen Angebote wahrnehmen. Da gerade jüngere Paare die besten Chancen haben, schnell schwanger zu werden, ist es für die Erfolgsstatistik eines reproduktionsmedizinischen Zentrums natürlich ausgesprochen günstig, möglichst viele junge Paare in Behandlung zu nehmen – Fortpflanzungsmedizin ist eben auch ein finanzielles Geschäft. Ob diese Paare auch ohne fortpflanzungsmedizinische Hilfe bald zu einer Schwangerschaft gelangt wären, kann nicht überprüft werden. Es spricht aber einiges dafür: Wie bereits erwähnt, warten im Durchschnitt ein Drittel aller Frauen mit Kinderwunsch ein Jahr auf den Eintritt einer Schwangerschaft, auch wenn keine Fruchtbarkeitsstörung vorliegt. Und die Chance bei einer gesunden Frau im fortpflanzungsfähigen Alter, pro Zyklus schwanger zu werden, liegt auch nur bei ca.

30 %. Doch wer ermutigt Paare mit Kinderwunsch in dieser schnelllebigen Zeit noch zur Geduld?

- Eine gründliche medizinische Diagnostik sollten Sie tatsächlich frühzeitig vorgenehmen lassen. Bei sehr stark eingeschränkten Spermiogrammen des Mannes oder verschlossenen Eileitern der Frau machen Abwarten oder alternativmedizinische Verfahren keinen Sinn. Wenn manche Fortpflanzungsmediziner Ihnen mit dem Argument, »Nägel mit Köpfen« machen zu wollen, sehr schnell zu invasiven therapeutischen Verfahren raten, auch wenn bei Ihnen keine eindeutige medizinische Ursache der Fruchtbarkeitsstörung gefunden werden konnte, sollten Sie sich überlegen, sich zunächst nach anderen therapeutischen Möglichkeiten aktiv zu erkundigen. Selbstverständlich sollten Therapieversuche erst unternommen werden, wenn die Diagnostik bei Ihnen *beiden* vollständig abgeschlossen worden ist.
- Entwickeln Sie die Haltung, die Wartezeit nicht als »verlorene« Zeit anzusehen, sondern als Zeit des Reifens und der Persönlichkeitsentwicklung.

Die Eigenverantwortlichkeit in der Kinderwunschbehandlung bewahren

Viele Paare empfinden es zunächst als erleichternd, sich in eine fortpflanzungsmedizinische Behandlung begeben zu haben und mit dem behandelnden Arzt einen kompetenten »Verbündeten« im Kampf gegen die Kinderlosigkeit gefunden zu haben. Insbesondere Paare, denen die Planbarkeit des Lebens wichtig ist, und die daher durch die unvorhergesehene Fruchtbarkeitsstörung besonders aus dem Gleichgewicht geworfen worden sind, sind froh, dass jetzt etwas gemacht wird. Es mischt sich zwar etwas Skepsis ein, was wohl auf einen zukommen mag, die Erleichterung aber überwiegt. Da aber in vielen Fällen nicht gleich der erste Behandlungszyklus zum Erfolg führt, folgt Ernüchterung. Ihr Arzt wird Ihnen im Allgemeinen schon von Berufs wegen mit einer optimistischen Haltung begegnen: »Im nächsten Zyklus klappt's bestimmt!«. Und so reiht sich vielleicht ein Behandlungszyklus an den anderen. Eine IVF-Therapie, die Ihnen vor einem halben Jahr noch völlig undenkbar erschien, erscheint nun doch als möglicher nächster Schritt: Wir wollen uns ja später keine Vorwürfe machen müssen. In dieser Situation ist es ganz wichtig, dass Sie sich nicht in den Sog der fortpflanzungsmedizinischen Behandlungsmöglichkeiten hineinziehen lassen. Sonst könnte es im schlimmsten Falle passieren, dass Sie sich in ein paar Jahren den Vorwurf machen, zu sehr auf die Ärzte und zu wenig auf sich gehört zu haben. Und dass Sie dann erkennen müssen, dass Sie einen großen Teil Ihrer kostbaren Lebensenergie vielleicht über Jahre in ein Projekt gesteckt haben, welches sich als Luftschloss erwiesen hat. Daher ist es sinnvoll, die Eigenverantwortung zu stärken und eine positive und aktive Lebenshaltung zu bewahren. Wenn Sie sich auf eine Abenteuerreise in einem fremden Land begeben, dann sorgen Sie auch dafür, dass Sie sich mit der richtigen Ausrüstung und genügend Proviant auf den Weg machen. Hierzu haben sich die Anregungen bewährt, die Sie in unserem Leitfaden in Kapitel 11 finden.

Literaturempfehlungen

Das zur Zeit sicherlich beste Buch zur Fortpflanzungsmedizin stammt von Martin Spiewak: *Wie weit gehen wir für ein Kind?* (Eichborn 2002). Die Thematik wird hier in allen wichtigen Aspekten kenntnisreich abgehandelt.
Der Medizinjournalist Wolfhart Berg beschreibt in seinem 1997 erschienenen Buch *Wir hätten doch so gern ein Baby* (Kösel, München) die unterschiedlichen Erfahrungen von Frauen und Männern in der fortpflanzungsmedizinischen Behandlung (einschließlich sei-

ner eigenen). Das Auf und Ab in der Kinderwunschbehandlung schildert er plastisch, seine Auseinandersetzung mit der IVF ist sachlich und hilft Ängste bezüglich dieser Behandlung zu klären. Ein gegenüber der Fortpflanzungsmedizin eher kritisch eingestellter Ratgeber stammt von Ute Winkler: *Der unerfüllte Kinderwunsch. Ein Ratgeber für kinderlose Paare* (Beck'sche Reihe 1994). Ähnlich der Ratgeber von Monika Fränznick und Karin Wieners: *Ungewollte Kinderlosigkeit. Psychosoziale Folgen, Bewältigungsversuche und die Dominanz der Medizin* (Juventa 2001). Auch wenn Sie sich gerade einer fortpflanzungsmedizinischen Behandlung unterziehen ist es sicherlich sinnvoll, wenn Sie sich mit den kritischen Seiten und gesellschaftspolitischen Auswirkungen des medizinischen Fortschrittes auseinandersetzen. Hierzu ist auch das Buch *Die Wunschgeneration* von Sabine Riewenherm (Orlanda 2001) zu empfehlen.

Das Buch der Frauenärzte Ralph Raben und Christine Biermann *In dem Alter noch ein Kind? Vorteile und Nachteile später Schwangerschaft* (Beltz 1994) wendet sich an alle, die mit ihrem Kinderwunsch »in Zeitnot« geraten sind. Auch wenn Schwierigkeiten und Probleme zur Sprache kommen, ist das Buch jedoch in erster Linie ermutigend und unterstützend.

Die beiden Bände von The Boston Women's Health Book Collective: *Unser Körper, unser Leben. Ein Handbuch von Frauen für Frauen* (Rowohlt 1994) befassen sich mit der Gesundheit von Frauen im weitesten Sinne. Sie informieren ausführlich über natürliche Vorgänge im weiblichen Körper: Sexualität, Schwangerschaft, Geburt, Wechseljahre und bieten Aufklärung zu Verhütungsmitteln, zum Schutz vor Geschlechtskrankheiten und Aids und zu medizinischen und nicht-medizinischen Behandlungsmöglichkeiten bei Störungen und Krankheiten.

Das Buch *Natürlich und sicher. Natürliche Familienplanung. Ein Leitfaden* (Ehrenwirt Verlag 1999) hilft bei der Bestimmung der fruchtbaren Tage und erspart oftmals teure Zykluscomputer.

Internet-Tipps

Bei Fragen zu medizinischen Aspekten männlicher Fruchtbarkeitsstörungen können Sie sich an Dr. Heribert Schorn wenden, der auf der Seite **www.andrologie.de** neben Informationen auch eine Beratung per e-mail anbietet. Alternativmedizinische Hilfen bei Fruchtbarkeitsstörungen sind unter **www.kinderwunschhilfe.de** zu erhalten. Aus wissenschaftlicher Sicht sind allerdings viele dieser Tipps und Therapien umstritten, und die psychologischen Ratschläge dort fördern häufig eine Psychologisierung der Fruchtbarkeitsstörung.

Kritische Anmerkungen zu den Auswirkungen der Reproduktionsmedizin finden Sie unter **www.gen-ethisches-netzwerk.de** und unter **www.reprokult.de.** Unter **www.1000fragen.de** bietet die *Aktion Mensch* eine Plattform zu Fragen der Bioethik.

4 Die Bedeutung der Seele

Gibt es die seelische Blockade?

»Ich war im letzten Jahr auch in so einer Situation, dass ich am liebsten alles geschmissen hätte. Auch mir wurde von der Familie her immer wieder gesagt: Du machst dir Stress, so klappt das nicht, fahrt mal in Urlaub usw. Meine Schwiegermutter hat sogar schon gesagt, dass sie an meiner Stelle nur noch einen Versuch machen würde und dann sollte ich aufhören. Das Leben wäre schließlich auch ohne Kinder schön. Na toll …! Verkrampft war ich auch nicht, dachte ich jedenfalls. Nun gut, wer ist während einer Stimulation nicht verkrampft, es ist ja auch nicht so einfach. Aber ich glaube inzwischen, dass ich über kurz oder lang ausgeflippt wäre. Wir haben dann im Januar erst mal Urlaub gemacht. (…) Dann habe ich erst mal den Arzt gewechselt, weil ich beim alten nicht mehr zufrieden war. Ich habe dadurch bis Ende April eine Zwangspause gehabt, die mir im Nachhinein gesehen sehr viel Entspannung und Ruhe gegeben hat. Ich habe sogar zwischendurch überhaupt nicht mehr ans Kinderkriegen gedacht und auch mit meinem Mann wieder ›richtig‹ Spaß gehabt und nicht nur weil's gerade ›passte‹. Die Pause war offensichtlich dringend nötig. Als ich dann im April die Behandlung fortgesetzt habe, habe ich so richtig neuen Schwung gehabt. Leider war das zwar dann auch kein Erfolgsrezept, um schwanger zu werden, aber ich glaube, die paar Mo-

nate Ruhe waren wichtig. Auf einmal sind meine Hormonwerte, die sonst total chaotisch waren, besser geworden und die Ärztin ist sehr zuversichtlich.«
(T. A. im Juli 2000 in einem Internet-Forum)

Sie haben sich – wie nahezu jedes Kinderwunsch-Paar – wahrscheinlich auch schon gefragt, welchen Einfluss die Seele auf die Erfüllung Ihres Kinderwunsches hat. Insbesondere wenn die ärztlichen Untersuchungen bei Ihnen beiden keine Hinweise auf eine körperliche Ursache der Fruchtbarkeitsstörung erbracht haben, fängt womöglich das Grübeln an: »Sträubt sich etwas in mir gegen ein Kind?«. Seien Sie beruhigt: Zwar gibt es in Einzelfällen psychische Ursachen der Kinderlosigkeit, bei den allermeisten ungewollt kinderlosen Paaren gibt es aber keine innere seelische Blockade, die eine Schwangerschaft verhindert. Der Einfluss der Psyche auf den Kinderwunsch wird weitgehend überschätzt. Wenn er tatsächlich so groß sein sollte, würde es viel seltener zu ungewollten Schwangerschaften kommen (z. B. bei in Trennung lebenden Paaren oder bei Frauen nach Vergewaltigungen). Sie können es am eigenen Bekannten- oder Verwandtenkreis überprüfen: Bei wie vielen Partnerschaften scheint ein Kind von den äußeren Voraussetzungen her kaum »hineinzupassen« (und die Schwangerschaften treten problemlos ein)? Und wie viele Partnerschaften bieten Ihrer Ansicht nach beste Voraussetzungen für ein Kind (und diese Paare bleiben ungewollt kinderlos)?
Andererseits wird die Fruchtbarkeit von einer Vielzahl von Faktoren bestimmt, von denen einer der psychische Faktor ist. Zur Veranschaulichung möchten wir Ihnen an einem Modell die möglichen Zusammenhänge aufzeigen (siehe Abbildung 1).
Biologische, seelische und soziale Faktoren sind sowohl bei der Entstehung einer Fruchtbarkeitsstörung als auch bei der Bewältigung dieser Störung eng miteinander verknüpft und verstärken sich wechselseitig. Die **biologisch** wirksamen Faktoren haben den größten Einfluss. Neben den eindeutig diagnostizierbaren organischen Störungen und dem Einfluss des Alters der Frau unterscheidet man *durch das Individuum selbst beeinflussbare Faktoren* (Ernährungsgewohnheiten, Über- und Untergewicht, Genussmittel-,

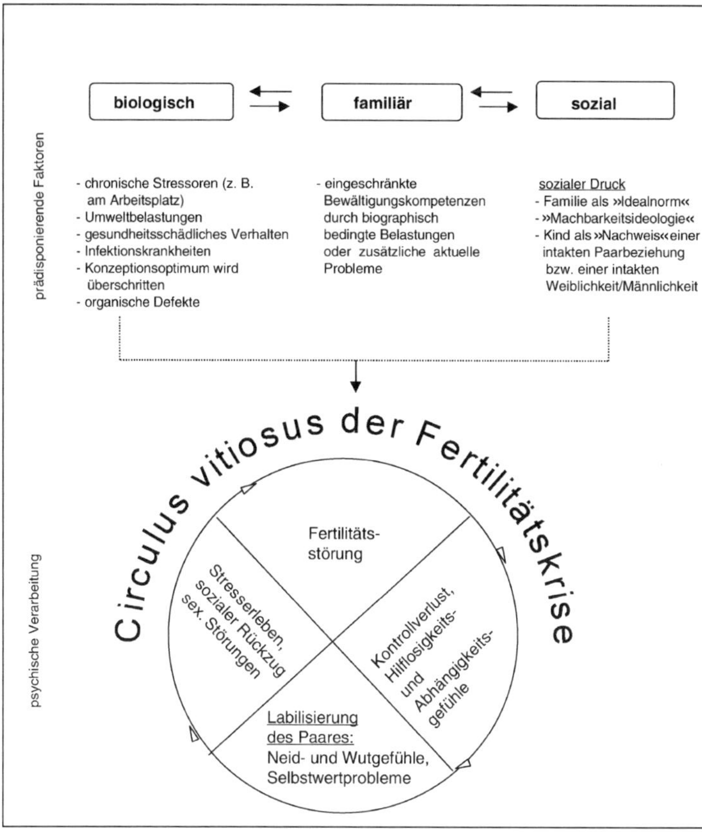

Abbildung 1: Biopsychosoziales Stressmodell[4] (aus Stammer et al. 1998)

Alkohol-, Drogen- und Medikamentenmissbrauch sowie exzessive sportliche Betätigung) von *durch das Individuum schwer oder nicht beeinflussbaren Faktoren* (Chemikalien am Arbeitsplatz

[4] Aus Stammer, H., Wischmann, T., Verres, R. (1998): Paartherapie bei unerfülltem Kinderwunsch. *Familiendynamik* 3, S. 232–251. Wir danken dem Verlag für die freundliche Nachdruckgenehmigung.

oder in der näheren Umgebung, Infektionen, Stress wie Schicht- und Nachtarbeit und physikalische Schädigungsmöglichkeiten wie z. B. radioaktive Strahlung). **Familiär** halten wir eingeschränkte Bewältigungsmöglichkeiten des Paares durch biographisch bedingte oder zusätzliche aktuelle seelische Probleme für einflussreich. In unserer Studie konnten wir zeigen, dass insbesondere Paare mit kritischen Lebensereignissen in ihrer Vorgeschichte unser psychologisches Beratungsangebot in Anspruch nahmen. Wir können also davon ausgehen, dass es sich für Frauen bzw. Männer, welche sich schon früher mit Schicksalsschlägen auseinandersetzen mussten, schwierig gestaltet, die Krise des unerfüllten Kinderwunsches aus eigener Kraft erfolgreich zu bewältigen. Gleiches gilt für Paare, die mit einer aktuellen starken psychischen Belastung (z. B. dem Tod eines Familienmitgliedes) konfrontiert sind. Inwieweit solche (früheren oder aktuellen) seelischen Belastungen die Fruchtbarkeitsstörung mit *verursachen* können, bleibt umstritten. Sicher ist, dass die Verarbeitung der ungewollten Kinderlosigkeit durch solche zusätzlichen Belastungen erheblich erschwert sein kann.

Zu den **sozialen** Faktoren zählt, dass »Kinderkriegen« noch immer eine Idealnorm für Paare im fruchtbaren Alter darstellt. Dazu gehört auch die in der Öffentlichkeit vorherrschende Meinung, dass durch die moderne Medizintechnik bei entsprechender Behandlungsmotivation eine Schwangerschaft machbar ist: »Ein Paar, das kinderlos bleibt, hat es so gewollt«. Weiterhin wird ein Kind häufig noch als »Nachweis« einer intakten Paarbeziehung bzw. Sexualität betrachtet und ist somit eng mit dem Erleben von Männlichkeit und Weiblichkeit verknüpft (»Wenn Ihr ein Kind wollt, und es klappt nicht, dann kann in eurer Partnerschaft oder eurer Sexualität doch etwas nicht stimmen!«). Wie Sie mit solchen Bemerkungen von Außenstehenden umgehen können, werden wir Ihnen in Kapitel 10 darstellen.

Diese Faktoren können sich nun in einem »Teufelskreis«, einem »circulus vitiosus« der Fertilitätsstörung gegenseitig beeinflussen und verstärken. In den allermeisten Fällen gehen Paare mit Kinderwunsch nicht davon aus, dass es bei ihnen zu Schwierigkeiten mit

Schwangerschaft oder Geburt kommen wird. Dass etwas nicht stimmt, wird häufig erst nach einigen Monaten ungeschützten Geschlechtsverkehrs erkannt. Zu erkennen, dass man/frau wohl nur mithilfe Dritter (Ärzte) den Kinderwunsch erfüllen kann, ruft häufig – bei beiden Partnern – Gefühle von Ohnmacht und Hilflosigkeit hervor. Je länger die Erfahrung der Kinderlosigkeit andauert, desto bedrängender können Neid- und Wutgefühle werden. Wenn diese dann schuldhaft verarbeitet werden (»Eigentlich müsste ich mich über die Schwangerschaft meiner Schwester freuen«), kann das zusätzliche Selbstwertprobleme zur Folge haben. Da sich viele Paare von ihrem bisherigen sozialen Umfeld ausgeschlossen fühlen, kann es zu einem sozialen Rückzug kommen. Dadurch verringern sich die Möglichkeiten, sich von der Kinderwunschproblematik zu distanzieren und neue Perspektiven zu finden. Zusätzlich kann es – wie bereits oben beschrieben – zu einer Überforderung der Paarbeziehung kommen, die sich häufig in sexuellen Störungen ausdrückt. All dieses bedeutet seelischen Stress, der über entsprechende physiologische und psychologische Reaktionen wiederum negativ die Fruchtbarkeit beeinflussen kann. Wie können Sie nun diesen Teufelskreis beenden bzw. gar nicht erst entstehen lassen? Wie können Sie die Fruchtbarkeit schädigenden Faktoren positiv beeinflussen?

Wenn **eindeutige organische Störungen** vorliegen, ist die fortpflanzungsmedizinische Hilfe meistens unumgänglich. Es gibt natürlich auch Fälle, wo ein Mann trotz stark eingeschränktem Spermiogrammbefund Vater geworden ist. Oder eine Frau mit der Diagnose »beidseitiger Verschluss der Eileiter« doch noch Mutter. Hier handelt es sich aber um ungenaue medizinische Diagnostik. Um zu einer zuverlässigen Beurteilung der männlichen Zeugungsfähigkeit zu kommen, müssen mehrere Spermienproben in bestimmten Zeitabständen untersucht werden, da das Spermiogramm zeitlichen Schwankungen unterzogen ist und beispielsweise durch leichte Entzündungen negativ beeinflusst werden kann. Die Eileiterdurchgängigkeit kann durch verschiedene medizinische Methoden überprüft werden, von denen die aussagekräftigste die Diagnostik mithilfe einer Bauchspiegelung ist.

Das **Alter der Frau** spielt die herausragende Rolle unter den Faktoren, welche die Fruchtbarkeit beeinflussen. Dieses liegt in erster Linie nicht daran, dass sich die hormonelle Lage der Frau verändert und die Produktion befruchtungsfähiger Eizellen stetig abnimmt. Vielmehr steigt mit dem Alter der Frau die Wahrscheinlichkeit, dass fruchtbarkeitsschädigende Faktoren wirksam geworden sind. Hier sind in erster Linie Verklebungen der Eileiter zu nennen, die durch entzündliche Erkrankungen entstehen können.
Aber auch die anderen hier genannten Faktoren können im Lauf der Jahre an Wirksamkeit gewonnen haben (selbstverständlich auch beim Mann). Untersuchungen bei Frauen, die gesund leben, keine Verhütung betreiben und monogam sind, haben gezeigt, dass unter diesen Umständen auch weit über 40 Jahre alte Frauen noch problemlos Kinder bekommen können. Solche – für den erfüllten Kinderwunsch idealen – Voraussetzungen sind allerdings nur noch selten gegeben.
Auch **Ernährungsgewohnheiten** beeinflussen die Fruchtbarkeit. Gesunde Ernährung mit allen lebensnotwendigen Vitaminen und Mineralsstoffen unterstützen den Körper und seine Funktionen. Zu den Gewohnheiten zählt allerdings nicht nur das »was«, sondern auch das »wie«: Mehrere kleine ausgewogene Mahlzeiten über den Tag verteilt und in Ruhe ohne Ablenkung genossen sind bekanntermaßen für die Gesundheit insgesamt förderlicher als jeweils ein opulentes Frühstück, Mittag- und Abendessen unter Zeitdruck. Ausführliche Tipps zur gesunden Ernährung bei Kinderwunsch finden Sie in dem Buch von Birgit Frohn (s. u.).
Dass **Über- und Untergewicht** insbesondere bei der Frau die Fruchtbarkeit beeinträchtigen können, ist unumstritten. Auch wenn die Hormone im Normbereich liegen, so kann es doch zu feinen Störungen im hormonellen System kommen, die den Eintritt einer Schwangerschaft erschweren. Beim Mann wirkt sich Übergewicht indirekt auf die Fruchtbarkeit aus, indem die Hoden beim längeren Sitzen übermäßig erwärmt werden, was die Samenbildung beeinträchtigen kann. Wenn Sie Gewichtsprobleme haben, sollten Sie dieses Thema mit Ihrem behandelnden Arzt rechtzeitig besprechen. Nachdem eine körperliche Verursachung ausgeschlossen wurde, emp-

fiehlt sich eine Ernährungsberatung. Bei Übergewicht sind »Crash-Diäten« schädlich, da schneller Gewichtsverlust das Hormonsystem aus dem Gleichgewicht bringt. Außerdem erhöhen sie das Risiko, binnen kurzer Zeit wieder zum Ausgangsgewicht zurückzukehren. Denken Sie daran, dass ein normalgewichtiger Körper auch weniger anfällig ist für viele körperliche Krankheiten.
Dem extremen Übergewicht (Adipositas) bzw. Untergewicht, z. B. als Folge von Magersucht (Anorexie) oder Ess-/Brechsucht (Bulimie), liegt meistens eine psychotherapiebedürftige seelische Erkrankung zu Grunde, die Sie alleine kaum »in den Griff« bekommen können. Das gestörte Essverhalten geht häufig einher mit Störungen in der eigenen geschlechtlichen Identität, im Körperbild, in der Sexualität und im Selbstwertgefühl, so dass eine Veränderung im Essverhalten alleine nicht ausreicht. Wo Sie kompetente psychotherapeutische Hilfe finden, erfahren Sie in Kapitel 6.
Insbesondere der **Missbrauch von Genussmitteln, Alkohol, Drogen und Medikamenten** schadet Ihrem Körper, nicht nur in Bezug auf die Fruchtbarkeit. Einige Tassen Schwarztee oder Kaffee am Tag bzw. ein Glas Wein am Abend sind dabei natürlich nicht ausschlaggebend. Gewohnheits- und übermäßigen Konsum von Koffein, Teein, Nikotin, Alkohol und anderen Drogen sollten Sie bei Kinderwunsch und insbesondere bei einer Schwangerschaft unbedingt vermeiden. Über Ihren Genussmittelkonsum sollten Sie mit Ihrem Arzt offen sprechen. Er kann Sie auch an weitere Beratungsmöglichkeiten weitervermitteln, falls Ihr Genussmittelkonsum auf eine Suchtproblematik hinweisen sollte.
Manche Medikamente können auf Dauer die Fruchtbarkeit einschränken. Dazu zählen beispielsweise Mittel gegen Depressionen, Bluthochdruck, Übelkeit, Entzündungen sowie bestimmte Krebsmedikamente. Müssen Sie bzw. Ihr Partner solche Medikamente einnehmen, dann teilen Sie dieses Ihrem behandelnden Arzt gleich mit.
Sportliche Betätigung ist mit Sicherheit gut für ihren Körper, auch in Bezug auf die Erfüllung Ihres Kinderwunsches. Eine Ausnahme bildet Radfahren (in Radlerhosen) sowie Saunabesuche oder heiße Bäder beim Mann, da – wie erwähnt – Hitze der Spermienbildung

abträglich ist. Anders verhält es sich beim **Leistungssport:** Hier kann die Hormonproduktion so stark beeinträchtigt werden, dass es bei der Frau zum Ausbleiben des Eisprungs kommen kann. Häufig ist die Ausübung von Leistungssport auch mit einem bestimmten Körperbild verknüpft, und der Vorstellung, dass der Körper dem Willen unterworfen sein soll und uneingeschränkt funktionieren muss. Diese Einstellung beeinträchtigt die Fruchtbarkeit, da eine Schwangerschaft ja nicht »erzwungen« werden kann. Wird der Leistungssport im Rahmen von Wettkämpfen ausgetragen, kann dieses noch zusätzlichen seelischen Stress bedeuten (ständiges Training, Termindruck, Solidarität mit der Mannschaft). Wenn Sie Leistungssport ausüben, sollten Sie bei Kinderwunsch unbedingt Ihren behandelnden Arzt dazu zu Rate ziehen.

Stress im Sinne von Anforderung kann für die Gesundheit sogar förderlich sein. **Chronischer Stress** hingegen kann bei beiden Partnern die Chance auf einen erfüllten Kinderwunsch verringern. Dieses gilt insbesondere für den Stress im Beruf. In unserer Studie konnten wir nachweisen, dass das Ausmaß an erlebtem beruflichen Stress und die Einschränkungen im Spermienbefund des Mannes stark miteinander zusammenhängen. Dass seelischer Alltagsstress die Wahrscheinlichkeit einer Fehlgeburt erhöht, ist unwahrscheinlich. Schwanger zu bleiben ist ein überwiegend von biologischen Vorgängen bestimmter Prozess; Fehlgeburten sind nicht durch innere seelische Verkrampfungen oder durch »Fixierung« auf das Kind zu erklären.

Wenn eine Frau in der Schwangerschaft vermehrt Genussgifte zu sich nimmt oder sich körperlich und sportlich keine Grenzen setzt und es zur Fehlgeburt kommt, kann man von einer seelischen Mitverursachung der Fehlgeburt ausgehen.

Was ist aber nun »ungesunder« im Gegensatz zum »gesundem« seelischen Stress? Dafür gibt es keine objektiven Maßstäbe. Es gibt aber Anhaltspunkte dafür, wann der Stress in den ungesunden Bereich »umschlägt«: Wenn Sie die innere Beschäftigung mit Ihrer Berufstätigkeit immer häufiger weit in den Feierabend und die Wochenenden begleitet, Sie zunehmend Schlafstörungen bekommen, nervöser werden und sich ständig erschöpft fühlen, können Sie davon ausgehen, dass das Maß übervoll ist. Falls Sie Ihrer Selbstwahrnehmung nicht trauen: Fragen Sie Ihre/n Partner/in oder eine/n gute/n Freund/in, ob diese Sie als gestresst wahrnehmen und ob sich deren Meinung nach die Situation zugespitzt hat. Ein weiterer guter Indikator für übermäßigen Stress ist die sexuelle Lustlosigkeit. Wenn Sie auf ein intimes Zusammensein mit Ihrem Partner/Ihrer Partnerin kaum noch Lust haben, Sie sich gemeinsam abends vor dem Fernseher wiederfinden, um dann todmüde (oder aufgedreht) ins Bett zu gehen und zu schlafen, dann sollten Sie nicht nur zur Erfüllung Ihres Kinderwunsches, sondern auch im Interesse der Lebendigkeit ihrer Partnerschaft diesen Zustand verändern. Dass während einer fortpflanzungsmedizinischen Behandlung Ihr sexuelles Erleben häufig beeinträchtigt sein wird, wurde bereits im vorherigen Abschnitt erwähnt.

Ist denn der berufliche Stress überhaupt durch Sie beeinflussbar? Arbeitsbedingungen wie Schicht- oder Nachtarbeit haben Sie sich wahrscheinlich so nicht ausgesucht. Wenn wir allerdings in einem Beratungsgespräch hören, dass beispielsweise eine Krankenschwester und ein Maschineneinrichter seit Jahren Schicht arbeiten (einschließlich Wochenenddiensten), versuchen wir zusammen mit dem Paar besser zu verstehen, wieso sich beide dieser offensichtlich die Fruchtbarkeit einschränkenden Situation aussetzen: Gibt es sonst keine anderen Arbeitsmöglichkeiten? Sind es in erster Linie finanzielle Gründe? Oder ist es einfach so zur Gewohnheit geworden? Und welche Möglichkeiten lassen sich vorstellen, die Arbeitssituation stressfreier zu gestalten? Welche dieser Überlegungen lassen sich konkret umsetzen?

Womöglich ist es in Ihrem Fall nicht der zeitliche Aufwand für Ihre Berufstätigkeit, der Sie stresst. Sie fühlen sich vielleicht durch zu hohe Verantwortung, widersprüchliche Anweisungen, Kontrolle durch Vorgesetzte, unzuverlässige Mitarbeiter oder zu monotone Tätigkeiten belastet. Auch hier hilft es, die eigenen Wunschvorstellungen zu entwickeln und aufzuschreiben (»Wie wäre es mir am liebsten?«) und nach den konkreten Veränderungsmöglichkeiten zu schauen (»Was kann und will ich konkret an Veränderungen umsetzen?«). Gelegentlich hilft dann schon ein klärendes Gespräch

mit Mitarbeitern oder Vorgesetzten, um die Arbeitssituation zu entschärfen. Oder Sie überlegen sich, wie Sie den Arbeitsablauf effektiver und zielorientierter gestalten können, gegebenenfalls in Abstimmung mit den Kolleg(inn)en. Aber auch der innere Anspruch an die eigene Berufstätigkeit kann Sie unter Stress setzen: Alles muss perfekt sein, Sie müssen die Produkte Ihrer Tätigkeit wieder und wieder auf Fehlerfreiheit überprüfen, beim Einschlafen grübeln Sie darüber, ob Sie tagsüber alles richtig gemacht haben. Mit so einer perfektionistischen Arbeitshaltung werden Sie es in der Kinderwunschbehandlung vermutlich eher schwer haben, da sich hierbei nur wenig planen lässt. Oder auch so: Ihre Kolleg(inn)en können mit Problemen jederzeit zu Ihnen kommen, Sie engagieren sich für andere auch in Ihrer Freizeit, wenn jemand nicht weiter weiß, erledigen Sie dessen/deren Aufgaben noch mit. Hier könnte es Probleme geben, in der Kinderwunschtherapie Grenzen zu ziehen und sich zu fragen: »Will ich den nächsten medizinischen Behandlungsschritt gehen, achte ich auf die Grenzen meiner Belastungsfähigkeit?« Wenn Sie sich beruflich unter zu starkem Stress fühlen, sollten Sie zusammen mit Ihrem Partner/Ihrer Partnerin die vorstehenden Fragen durchgehen.
Auf andere fruchtbarkeitsschädigende Einflüsse wie Chemikalien (z. B. als Zahnarzthelferin, Chemiearbeiter) oder radioaktive Strahlung am Arbeitsplatz oder Ihrer häuslichen Umgebung bzw. nach Krebsbehandlung haben Sie nur wenig Einflussmöglichkeiten. Sie sollten Ihren behandelnden Arzt direkt darauf ansprechen, ob Ihre Fruchtbarkeitsstörung vielleicht auch auf diese Einflüsse zurückzuführen ist und welche Behandlungsmöglichkeiten es gegebenenfalls gibt. Auch hier gilt, dass Sie Ihr Leben in allen Bereichen möglichst gesundheitsbewusst gestalten sollten, damit alle diejenigen Faktoren optimal sind, welche Sie selber positiv beeinflussen können.
Wann wird noch von seelischer (Mit-) Verursachung der Fruchtbarkeitsstörung gesprochen? Nach der Definition im ersten Kapitel (siehe Kasten) zählt dazu, wenn ein Paar trotz gemeinsamen Kinderwunsches an den fruchtbaren Tagen der Frau nicht oder nur selten miteinander Verkehr hat bzw. wenn eine **sexuelle Störung** vorliegt, die den Geschlechtsverkehr generell oder an den fruchtba-

ren Tagen unmöglich macht. Auf den ersten Blick erscheint es banal, dass ein Paar zum richtigen Zeitpunkt miteinander schlafen muss, um ein Kind zu zeugen. Tatsächlich zeigten systematische Untersuchungen, dass ein Teil der Kinderwunsch-Paare – trotz ärztlicher Aufklärung – an den fruchtbaren Tagen keinen Verkehr miteinander hatten: Manche Studien gehen von knapp 50 % der Paare aus! Meistens vermeiden diese Paare nicht die Befruchtungschance (bewusst oder unbewusst), sondern der Zeitpunkt optimaler Fruchtbarkeit wird falsch einschätzt.

Wenn Sie zur fruchtbaren Zeit zwei (bis drei) Mal in der Woche miteinander schlafen, »verpassen« Sie den Eisprung kaum. Anders sieht es hingegen aus, wenn Sie den Verkehr auf den Eisprungstermin ausrichten und vorher Enthaltsamkeit üben (»Karenzzeit«), um möglichst gute Spermien »anzusparen«. Eine Karenzzeit von zwei bis drei Tagen wird auch von vielen Frauenärzten empfohlen, obwohl strittig ist, ob diese Enthaltsamkeit tatsächlich die Schwangerschaftswahrscheinlichkeit erhöht. Vielen Frauen (erst recht ihren Partnern) fällt es schwer, die Aufwachtemperaturkurve richtig einzuschätzen. Aufgrund der Temperaturkurve kann nicht festgestellt werden, wann der Eisprung stattfinden *wird*, sondern nur, wann er stattgefunden *hat*. Wenn Sie enthaltsam sind und erst nach Erhöhung der Temperatur miteinander schlafen, dann haben Sie den Eisprung meist verpasst! Die besten Empfängnischancen bestehen in den beiden Tagen vor dem Eisprung und am Tag des Eisprungs selbst. Genauer als über die Basaltemperaturkurve, aber aufwendiger, lässt sich der Zeitpunkt des Eisprungs über Hormonuntersuchungen (LH-Sticks) und Ultraschallüberwachung feststellen. Hilfreich sind auch die Methoden der natürlichen Familienplanung (s. Literaturempfehlungen im vorherigen Kapitel).

Innerhalb einen Jahres hat eine Frau ca. zwölf bis 14 Mal einen Eisprung und damit die Chance auf eine Befruchtung. Wenn Sie nun auf die vergangenen zwölf Monate zurückblicken: Wie oft hätte es da tatsächlich zu einer Befruchtung kommen können? Haben Sie wirklich jeden Zyklus genutzt oder gab es auch Zeiten, in denen die fruchtbaren Tage »ungenutzt« verstrichen sind? Denken Sie z. B. an Geschäftsreisen, Verschiebungen des Eisprungs nach Ur-

laubsreisen (Fernflüge) und bei Erkrankungen, Streit in der Partnerschaft oder schlichtweg keine Lust auf Sex bzw. »es ging nicht«. Wenn Sie mit Ihrem Partner/Ihrer Partnerin gemeinsam die letzten zwölf Monate daraufhin durchgehen, werden Sie vielleicht feststellen, dass Sie nur Dreiviertel oder die Hälfte der Termine miteinander geschlafen haben, bei denen es zu einer Empfängnis hätte kommen können. Das geht vielen Paaren mit Kinderwunsch so. So gesehen kann es Sie möglicherweise beruhigen, wenn sich das eine Jahr Warten auf die Schwangerschaft auf sechs oder sieben Zyklen bezieht, in denen eine Befruchtung möglich gewesen wäre. Und wie im ersten Kapitel bereits erwähnt: Die durchschnittliche Chance, in einem Zyklus schwanger zu werden, liegt nur bei ca. 30 % und sinkt im Durchschnitt auf ca.18 % im 30. Lebensjahr.
Was aber, wenn Sie in der Rückschau feststellen, dass Sie weniger als die Hälfte der Zyklen genutzt haben, und Sie dafür kaum äußere Umstände verantwortlich machen können? Wenn Sie feststellen, dass böser Streit miteinander gerade an den fruchtbaren Tagen stattgefunden hat, der die Lust aufeinander zunichte gemacht hat. Oder just in diesen Tagen zwingen Sie auffallend häufig Migräneanfälle, Erkältungen, Zahnschmerzen oder ähnliches dazu, den sexuellen Kontakt zu meiden. Oder Sie stellen fest, dass für Sie sexueller Verkehr außerhalb der fruchtbaren Zeit problemlos möglich ist und er Ihnen Spaß macht, es in der fraglichen Zeit aber bei Ihnen vermehrt nicht geht (z. B. wegen Erektionsstörungen oder Samenerguss außerhalb der Scheide beim Mann bzw. Nichterregbarkeit oder Scheidenkrämpfen bei der Frau). Wohlgemerkt: Bei der Mehrzahl der Kinderwunsch-Paare ist die Sexualität – zumindest zeitweise – gestört, insbesondere wenn die fortpflanzungsmedizinische Diagnostik bzw. Therapie »gezielten Verkehr« verlangt. Es sollte Sie also nicht beunruhigen, wenn es ein paar Mal »nicht klappt«. Wie Sie die veränderte Sexualität in der Kinderwunschbehandlung miteinander neu gestalten können, erfahren Sie im Kapitel 11.
Wenn Sie feststellen, dass Sie in der Mehrzahl der fraglichen Zeitpunkte keinen Verkehr miteinander haben oder sexuelle Störungen mittlerweile die Regel geworden sind, dann können Sie davon ausgehen, dass hier die Seele »nein« sagt. Dann ist es wichtig, mitei-

nander über Ihren gemeinsamen Kinderwunsch (wieder) ins Gespräch zu kommen. Sie sollten sich intensiv über die Hoffnungen, aber auch über die Befürchtungen austauschen, die Sie als Frau und Sie als Mann mit dem gewünschten Kind verbinden. Dabei ist es wichtig, auch Fantasien miteinander zu besprechen, die Ihnen zunächst vielleicht unangenehm, peinlich oder absurd vorkommen mögen. Insbesondere die erwarteten Veränderungen in der Partnerschaft sollten Sie besprechen. Scheuen Sie sich auch nicht, bei starken Störungen Ihrer Sexualität eine Pause in der Kinderwunschbehandlung einzulegen. Bewährt hat es sich auch, für eine begrenzte Zeit von ein bis drei Monaten zu verhüten (mit Kondom), um die vom Kinderwunsch losgelöste Sexualität gemeinsam wieder zu entdecken. Wenn bei Ihnen massive sexuelle Störungen vorliegen, sollten Sie dieses Ihrem behandelnden Arzt mitteilen. Das geht natürlich nur, wenn Sie soweit Vertrauen gefasst haben, dass Sie dieses – meist schambesetzte – Thema mit einer Person außerhalb ihrer Partnerschaft besprechen können. Auf die Behandlung sexueller Störungen spezialisierte Berater finden Sie in Kapitel 6.
Beim Thema »Sexualität« taucht auch die Frage auf, ob es sexuelle Praktiken gibt, welche die Empfängnischancen erhöhen. Es gibt beispielsweise Tipps, dass die Frau nach dem Verkehr eine Kerze machen sollte oder bestimmte Stellungen (»Löffelchen-Stellung«: Die Frau liegt auf der Seite, der Mann liegt mit dem Bauch an ihrem Rücken und dringt in sie ein) eher zu einer Schwangerschaft führen. Machen Sie sich da nicht verrückt: Natürlich kann es sinnvoll sein, das gemeinsame sexuelle Erleben durch das Ausprobieren anderer Praktiken zu bereichern. Zum Erreichen einer Schwangerschaft ist aber aus medizinischer Sicht nur notwendig, dass der Samenerguss des Mannes tief in der Scheide der Frau erfolgt (kurz vor oder während des Eisprungs), unabhängig von der körperlichen Stellung des Paares. Wünschenswert ist es (nicht nur bezüglich der Kinderwunsches, sondern auch bezüglich der Beziehungspflege), dass Sie nach dem Geschlechtsakt noch eine Weile liegen bleiben. Manche Frauenärzte empfehlen, dass die Frau für eine halbe Stunde ihr Becken hochlegen soll, z. B. mit einem untergeschobenen Kissen. Ansonsten spielt die Art und Weise des sexuel-

len Verkehrs für den Kinderwunsch eine untergeordnete Rolle. Sie sollten auch nicht versuchen, Ihr sexuelles Verhalten auf den Kinderwunsch zu »optimieren«. Viel wichtiger ist es, das Leben außerhalb des Kinderwunsches auszugestalten, jeder für sich und beide gemeinsam. Dieses kommt Ihrer Partnerschaft zugute und damit letztlich auch Ihrem Umgang mit dem Kinderwunsch.
Wo spielen seelische Faktoren noch eine wichtige Rolle bei Fruchtbarkeitsstörungen? Wenn aus medizinischer Sicht notwendige diagnostische oder therapeutische Schritte nicht begonnen werden, obwohl das Paar diesen Verfahren zugestimmt hat. Der behandelnde Arzt hält beispielsweise eine Bauchspiegelung bei der Frau zur Überprüfung der Eileiterdurchgängigkeit für unbedingt notwendig, da die zuvor vorgenommene Eileiterdurchblasung (Perturbation) auf deren beidseitigen Verschluss hinweist. Die Frau stimmt diesem Eingriff zu, wohl wissend, dass bei verschlossenen Eileitern eine Empfängnis auf natürlichem Wege nicht möglich ist. Der Termin für diese Bauchspiegelung wird aber immer wieder verschoben, Monate ziehen ins Land, die Diagnostik kommt nicht voran. Oder: Das Spermiogramm des Mannes steht aus, er »schafft« es aber nicht, den Termin beim Andrologen auszumachen bzw. »verschwitzt« ihn. In beiden Fällen ist zu fragen, ob der Kinderwunsch nicht doch einen anderen Stellenwert hat, als sich das Paar zugestehen kann, und ob es nicht sinnvoll wäre, wenn sich beide Partner offen und intensiv auch über ihre Bedenken und Ängste zum Kinderwunsch und zur medizinischen Behandlung auseinandersetzen würden.
Die komplizierten Zusammenhänge zwischen seelischen und körperlichen Vorgängen bei ungewollter Kinderlosigkeit möchten wir Ihnen überleitend zum nächsten Abschnitt an einem Fallbeispiel weiter verdeutlichen:

Ehepaar B., sie 32 Jahre alt, mädchenhaft zierlich wirkend, er 34 Jahre alt, unsicher im Kontakt zum Berater, sucht die psychologische Kinderwunsch-Beratung auf. Das Paar verhütet seit zweieinhalb Jahren nicht mehr, vor eineinhalb Jahren haben die medizinischen Untersuchungen begonnen, die keinen körperlichen Befund erbracht haben. Frau B. geht von einer seelischen Verursachung ihrer Kinderlosigkeit aus, die mit dem plötzlichen Tod ihres Vaters vor drei Jahren zusammenhänge. Immer, wenn sie zur Ruhe komme, kämen die schmerzhaften Gefühle und Gedanken in ihr hoch. Als der Vater an Krebs erkrankt war, hatte sie sich für ein halbes Jahr von ihrer Arbeit beurlauben lassen, um sich täglich um den Vater zu kümmern. Es sei ihr Wunsch und der Wunsch des Vaters gewesen, sich um ihn zu kümmern. Die Mutter hätte sie allerdings auch ein bisschen vorgeschoben. Seit dem Tod des Vaters erwartet die Mutter von Frau B. tägliche Telefonanrufe, sie war auch schon häufig mit dem Paar zusammen in Urlaub. Die ältere Schwester könne sich da besser abgrenzen. Als zweites Kind hätte Frau B. eigentlich ein Junge werden sollen, der Vorname war schon ausgesucht und wurde ihr in der weiblichen Form gegeben. Sie hätte es schrecklich gefunden, Frau zu werden. Mit 16 Jahren hatte sie eine Phase der Magersucht durchgemacht, auch jetzt esse sie weniger als andere. Ihren Körper trainiere sie regelmäßig zwei Mal die Woche (Langstreckenlauf).

Im zweiten Beratungsgespräch wird die Sexualität angesprochen: Beide Partner berichten, sie seien unter Tage zum Sex »zu erschossen«, körperlich zu fertig. Durch Wochenend- und Spätdienste der Frau ist die gemeinsame Zeit ohnehin stark eingeschränkt. Die anstrengende berufliche Situation des Paares wird deutlicher: Frau B. ist in einem sozialen Beruf tätig und fühlt sich so, als hätte sie ein Schild umhängen: »Erzählt mir eure Probleme!«. Herr B. ist nicht in seinem gelernten Beruf tätig und fühlt sich ständig überfordert. Dazu kommt, dass ihm als jüngstem von fünf Kindern ständig vermittelt worden sei: »Du bist zu doof zu allem«.

Dem Paar wird in der Beratung deutlich, dass bei der Fruchtbarkeitsstörung tatsächlich seelische Faktoren eine wichtige Rolle spielen. Diese betreffen aber nicht den Tod des Vaters von Frau B., vielmehr ist hier eine Störung ihrer weiblichen Identität und ihres Körperbildes anzunehmen, welche über ihr Essverhalten und den Sport einen direkten Einfluss auf die hormonelle Situation hat, auch wenn die Werte überwiegend im Normbereich liegen. Die eingeschränkte Sexualität macht eine Empfängnis zusätzlich unwahrscheinlich. Der Umgang mit dieser belastenden Situation wird dem Paar B. durch mangelndes Selbstwertgefühl beider Partner noch erschwert. Frau B. wurde aufgrund ihres Leidensdrucks in eine ambulante Psychotherapie weitervermittelt, um die aus der Herkunftsfamilie stammenden seelischen Probleme aufzuarbeiten. Herr B. hielt weitere professionelle Hilfe für sich zunächst nicht für notwendig.

- Wenn Sie bereit für ein Kind sind, dann kommen Sie ihm auch mit einer gesunden Lebensführung entgegen. Dazu zählt gesunde Ernährung, moderate sportliche Betätigung sowie Vermeidung von Genussgiften und negativem Stress.

- Richten Sie Ihre Sexualität nicht ausschließlich nach Ihrem Kinderwunsch aus und lassen Sie sich nicht durch die medizinischen Maßnahmen diktieren. Wenn Sie Ihr Leben außerhalb des Kinderwunsches wertschätzen und Sie beide gemeinsam dafür Sorge tragen, gehört das auch zur gesunden Lebensführung. Und Sex sollte doch eigentlich viel zu schön sein, als dass er auf den Zeugungsakt beschränkt werden muss.
- »Psychische Sperren« bei Kinderlosigkeit gibt es, aber viel seltener, als allgemein angenommen. Wenn Sie die in diesem Abschnitt angesprochenen Punkte bezüglich des Einflusses der Seele auf Ihre Fruchtbarkeit beherzigen, dann haben Sie aus psychischer Sicht den Boden für eine Schwangerschaft bereitet.

Die Bedeutung der eigenen Kindheit für den unerfüllten Kinderwunsch

> *»Was ich mir wünsche: mehr Offenheit in der Gesellschaft, im Freundeskreis und in der Familie, aber auch mehr eigene Offenheit der Betroffenen. Bitte mehr Aufklärung in den Medien über die z. T. handfesten medizinischen Ursachen und dass nur ein kleiner Prozentsatz der Fertilitätsstörungen wirklich rein psychisch ist. Die Überpsychologisierung unserer Gesellschaft – jeder hat gleich eine psychologische Begründung parat, warum es ›nicht klappt‹ (es machte mich so oft so wütend und es war so tabu für mich, dann die ›Wahrheit‹, Unfruchtbarkeit meines Mannes, zuzugeben; und wenn, dann kam gleich als Reaktion: vielleicht ist das ja psychisch? sprich: Ihr seid ja selber schuld!). Und natürlich habe ich selbst auch psychologisiert und meinen Mann dabei Schuld zugewiesen: ›Rauche nicht so viel! Arbeite weniger!‹ Man sollte den Paaren vermitteln, dass das alles nichts bringt: die Schuldzuweisungen und psychologischen Selbstergründungen, sie machen nur depressiv, aggressiv, wütend.«*
> *(Beitrag zu unserer Internet-Umfrage)*

Paare mit Kinderwunsch hören häufig, sie seien noch nicht reif für eine Elternschaft oder hätten eine negativ gestörte Beziehung zur

eigenen Mutter bzw. zum Vater, hätten eine gestörte geschlechtliche Identität und würden deshalb keine Eltern werden. Auch in einigen Ratgebern, z. B. in dem bekannten Buch »Wenn die Seele nein sagt« von Frau Auhagen-Stephanos, wird diese Meinung vertreten. In dieser Pauschalität ist diese Annahme schlichtweg als falsch zu bezeichnen: Es gibt keinerlei Hinweise dafür, dass Paare mit unerfülltem Kinderwunsch im Durchschnitt eine schlechtere oder andere Beziehung zu den Eltern haben als Paare, die problemlos fruchtbar sind. Genauso wenig kann behauptet werden, ungewollt kinderlose Frauen hätten meistens Probleme mit der weiblichen Identität und dem eigenen Mutterbild. Natürlich gibt es diese Schwierigkeiten auch bei ungewollt kinderlosen Frauen, wie vorstehendes Fallbeispiel aufzeigt. Sie treten aber sicherlich nicht häufiger auf als bei Frauen ohne Fruchtbarkeitsstörung.
Um zu klären, ob bei Ihnen familiäre seelische Schwierigkeiten die Kinderlosigkeit mitbeeinflussen, können Sie sich folgende Fragen stellen: War ich wirklich ein Wunschkind? Bin ich – gewollt oder ungewollt – ein Einzelkind geblieben? Welche Vorstellungen von Schwangerschaft und Geburt wurden mir vermittelt? Fühle ich mich seelisch ausreichend vorbereitet für eine Elternschaft? Habe ich ein überwiegend positives Bild von meiner eigenen Mutter- bzw. Vaterschaft? Welche Veränderungen – in Bezug auf mich, auf meine Partnerschaft, auf die Verwandtschaft und das weitere soziale Umfeld, auf meine berufliche Situation – erwarte ich mit einem Kind? Welche Veränderungen kann ich auch ohne ein Kind angehen? Welche Fantasien habe ich, was sich bei mir und in meiner Partnerschaft ändern müsste, damit sich ein Kind einstellen kann? Komme ich immer wieder in die Situation, wo ich mich um andere intensiv kümmere und wie geht es mir damit? Was bedeutet ein Kind für mein Selbstbewusstsein? Was bedeutet »Familie« für uns? Was möchte ich in der Erziehung meines Kindes anders machen als meine Eltern? Setzt mich der unerfüllte Kinderwunsch auch deshalb so unter Druck, weil ich hoffe, mit einem eigenen Kind seelische Verletzungen in meiner Kindheit wiedergutmachen zu können? Geht es bei meinem Kinderwunsch auch ein Stück weit um mein »inneres Kind«, das beachtet und umsorgt werden möchte?

Die Beantwortung dieser Fragen ist nicht immer leicht. In der Auseinandersetzung damit haben Sie aber die Chance, sich selber, Ihre Wünsche und Bedürfnisse besser kennen zu lernen – eine Erfahrung, die Ihnen auf jeden Fall weiterhilft. Ein offener Austausch in Ihrer Partnerschaft darüber kann den Einfluss der Herkunftsfamilie auf Ihre jetzige Situation sicher klären helfen. Wenn Sie den Eindruck gewonnen haben, dass Erlebnisse von früher Ihren Kinderwunsch ungünstig beeinflussen, und Sie beide sich dem gegenüber machtlos fühlen, dann scheuen Sie sich nicht, eine psychologische Hilfe in Anspruch zu nehmen (siehe Kapitel 6). Aber fangen Sie nicht an zu grübeln, ob Ihre Kinderlosigkeit von schlechten Kindheitserfahrungen herrührt: Das ist bei den meisten Paaren nicht der Fall.

Bei der *Verarbeitung* der ungewollten Kinderlosigkeit spielt das Erleben der eigenen Kindheit dagegen immer eine wichtige Rolle: Wenn Ihr Selbstwertgefühl ohnehin nicht sehr stabil ist, können Sie durch das Erleben der Kinderlosigkeit in eine psychische Krise geraten, wie Sie an obigem Fallbeispiel gesehen haben. Das Selbstwertgefühl hängt zu einem großen Teil von wertschätzenden und liebenden Eltern bzw. wichtigen Bezugspersonen in der Kindheit ab. Gleichermaßen kann es schwierig werden, wenn Sie so geprägt worden sind, dass Ihre Bestimmung und Identität weitgehend nur als Mutter – seltener nur als Vater – zu sehen ist. Auch dann kann sich Kinderlosigkeit als massive Verunsicherung auswirken. Häufig sehen wir auch Paare in der Beratung, wo bei mindestens einem der Partner in der Erziehung großer Wert auf das Planbare, auf Ordnung und Einhalten von Regeln und Vorschriften gelegt worden war. Solche Paare haben verständlicherweise eher ein Problem mit der Nichtplanbarkeit von Schwangerschaft als Paare, die für das Unvorhersehbare im Leben besser gewappnet sind. Letztere haben häufig vorher schon Erfahrungen damit gemacht, dass Versagungen im Leben nicht immer nur Einschränkungen bedeuten müssen und Neuorientierung kein Versagen ist.

Der Einfluss der Herkunftsfamilie ist noch in einem anderen Zusammenhang wichtig: Manche Paare erwarten tiefgreifende Veränderungen in der Beziehung zu ihren Eltern oder Schwiegereltern, wenn sie endlich selbst Eltern werden könnten. Wir möchten ihnen einige Beispiele dazu geben: Die Frau erhofft sich mehr Akzeptanz von Seiten der Schwiegermutter, der sie den Sohn »weggenommen« hat, wenn sie ein Enkelkind vorweisen kann. Der Mann möchte von den Eltern im Vergleich zu seinen Geschwistern nicht mehr benachteiligt behandelt werden und erwartet eine Verbesserung seiner Situation, wenn auch er eine Familie gegründet hat. Das Paar geht davon aus, dass sie sich beide um die spätere Pflege der Eltern kümmern müssen, da die Geschwister sich jeweils auf die eigenen Kinder berufen und zurückziehen können. Der Fortbestand des elterlichen landwirtschaftlichen Betriebes erscheint gefährdet, da der einzige Sohn keinen männlichen Nachkommen hat. Die Frau glaubt, erst durch ein eigenes Kind von ihren Eltern als erwachsene Frau und nicht mehr als Mädchen wahrgenommen zu werden etc.

Es ist richtig, dass sich die Beziehung zu Ihren Eltern ändert, wenn Sie selber Eltern werden. Die Generationenschranke verschiebt sich, aus Ihren Eltern werden Großeltern, Sie gehören nicht mehr zur jüngsten Generation. Sie sollten aber nicht davon ausgehen, dass sich Beziehungsmuster, die sich womöglich über Jahrzehnte entwickelt bzw. verfestigt haben, mit der Geburt eines Kindes schlagartig verändern werden. Um Ihr Verhältnis zu Ihren Eltern, Schwiegereltern bzw. Geschwistern neu zu gestalten, werden aktive Schritte von Ihrer Seite aus notwendig sein, die Sie in vielen Fällen auch Überwindung kosten werden. Und ob Sie mit einem Neugeborenen die Energien zur Verfügung haben werden, sich mit Ihrer Herkunftsfamilie intensiv auseinander zu setzen, ist eher zweifelhaft. Wenn Sie sich in der Beziehung zu den (Schwieger-)Eltern oder Geschwistern eine Veränderung wünschen, sollten Sie diese Schritte angehen, bevor Sie sich in einer kräftezehrenden fortpflanzungsmedizinischen Behandlung befinden oder Sie vom erfüllten Kinderwunsch in Beschlag genommen sind.

- Wenn Sie den Eindruck haben, dass Ihre durch die Herkunftsfamilie mitgeprägte Einstellung zum Auf und Ab des Lebens Ihnen bei der Bewältigung der ungewollten Kinderlosigkeit im Wege steht, dann haben Sie jetzt die Chance, diese Einstellung zu ändern und sie durch eine Ihnen angemessenere Haltung zu ersetzen.

- Wenn Sie Ihre Beziehung zur Herkunfts- bzw. Schwiegerfamilie neu gestalten wollen, sollten Sie damit nicht bis zur Erfüllung ihres Kinderwunsches warten. Wichtig ist es, sich konkret zu fragen, wie diese Änderungen aussehen sollten und woran Sie merken würden, dass die Veränderungen Ihren Wünschen entsprechen. Häufig klärt ein offenes Gespräch mit den Eltern, Schwiegereltern bzw. Geschwistern, welche Erwartungen tatsächlich an Sie gestellt werden, falls Sie kinderlos bleiben, und mit welchen Ansprüchen Sie sich auseinander zu setzen haben, falls Sie Eltern werden. Es kann gut möglich sein, dass Sie sich Ihre eigenen Vorstellungen gemacht haben, die sich mit den Vorstellungen der anderen gar nicht oder nur zum Teil decken. Da Sie als Kinderwunsch-Paar genug zu tragen haben, ist es sicher nicht verkehrt, mehr nach sich zu schauen, »egoistischer« zu werden und weniger den (vermeintlichen) Erwartungen der anderen Familienmitglieder nachzukommen.

Literaturempfehlungen

Der Ratgeber von Birgit Frohn: *Das Buch vom Kinderkriegen* (Midena Verlag 1999) bietet neben Hinweisen zur medizinischen Diagnostik und Therapie auch Überlegungen zu psychischen Einflüssen bei ungewollter Kinderlosigkeit sowie Anregungen zur Förderung der Fruchtbarkeit (Ernährung, Naturheilverfahren). Von Petra Thorn gibt es einen *Psychologischen Ratgeber bei unerfülltem Kinderwunsch* (Selbstverlag 1996), den Sie in Ergänzung zum vorliegenden Ratgeber lesen können. Erhältlich ist er bei der Autorin selbst (Langener Straße 37, 64 546 Mörfelden; T.: 06 105 – 22 629). Eine für Laien geeignete Einführung zur psychologischen Beratung bei ungewollter Kinderlosigkeit ist der Beitrag von Anke

Willers: *Für ein Baby zum Psychologen?* in der Zeitschrift »Eltern«, Heft Januar 1999, S. 117–119. Dieses Heft können Sie in Ihrer Stadtbücherei entleihen. Wissenschaftlich aufbereitet sind die Ergebnisse unserer Studie in der Arbeit von Tewes Wischmann: *»Heidelberger Kinderwunsch-Sprechstunde« – Eine Studie zu psychologischen Aspekten ungewollter Kinderlosigkeit* (Peter Lang Verlag 1998). Eine Übersicht über *psychosoziale Aspekte von Fertilitätsstörungen* findet sich im Februar-Heft 2003 der Fachzeitschrift »Der Gynäkologe«.

Internet-Tipps

Die wichtigsten Ergebnisse der langjährigen Forschung im *Projekt »Heidelberger Kinderwunsch-Sprechstunde« – Psychologische Beratung bei unerfülltem Kinderwunsch* können Sie im Internet unter **www.kinderwunschberatung.uni-hd.de** einsehen.
Im **www.familienhandbuch.de** finden sich von Anke Rohde und Tewes Wischmann verfasste Übersichtsartikel zu der Thematik.

5 Das Auf und Ab im Verlauf einer fortpflanzungsmedizinischen Kinderwunschbehandlung

»Am Freitag geht es los mit der Stimulation und langsam steigt die Panik. Ich werd' ja mit Hormonen stimuliert und das scheint ja nun nicht allzu hoch zu sein und ich frage mich, angenommen das funktioniert nicht so richtig, also ich produziere z. B. nur eine Eizelle und dann ist die Kontrolle am 8. Zyklustag, kann man dann mit der Erhöhung der Dosis noch was machen? Oder wird es dann abgebrochen? Und überhaupt, werde ich wirklich dick? Und wird mir schlecht und launisch und vertrage ich das alles und wird es überhaupt funktionieren und spielt die Tatsache, dass ich eigentlich sowieso ein Späteizellenproduzierer bin, irgendeine Rolle? Und last but not least: Tun wir wirklich das richtige und werde ich diese Spritzen überleben? O. k., ich gebe zu, einiges klingt ziemlich albern, aber ich habe schlichtweg einfach: ANGST.«
(T. im Oktober 2000 in einem Internet-Forum)

Für viele Paare ist es zu Beginn ihrer Kinderwunschbehandlung kaum vorstellbar, dass sie sich einmal einer sogenannten künstlichen Befruchtung unterziehen werden. Steht dann IVF oder ICSI als nächster Behandlungsschritt an, tauchen eine Vielzahl widersprüchlicher Gefühle und Gedanken auf. Auf der einen Seite herrscht die Hoffnung vermittelnde Vorstellung, dass der Körper jetzt richtig auf eine Schwangerschaft eingestellt wird und der Akt der Zeugung unter kontrollierten Bedingungen abläuft. Auf der anderen Seite gibt es

meist starke Ängste vor der Behandlung und Zweifel, ob das Glück wirklich gezwungen werden darf bzw. ob der Aufwand in Anbetracht der tatsächlichen Erfolgsraten überhaupt vertretbar ist.
Es lassen sich viele typische Reaktionen der Paare beobachten, die sich auch wieder geschlechtsspezifisch unterscheiden: Bei den Männern gibt es häufig ein großes Vertrauen in die Reproduktionstechnologie und ihre Sicherheitsstandards. Gleichzeitig fürchten auch viele um die Gesundheit ihrer Frau und stehen dem ganzen Prozedere skeptisch gegenüber. Viele Frauen fühlen sich mit ihren Ängsten allein gelassen, weil sie den Eindruck haben, der Mann wälze alle Verantwortung auf sie ab.
Wenn die Ursache der Unfruchtbarkeit eindeutig beim Mann liegt, bestehen meist starke (manchmal auch unbewusste) Schuldgefühle gegenüber der Frau. Sie fühlen sich von ihren Frauen unausgesprochen unter Druck gesetzt und nehmen dann häufig eine Verteidigungshaltung ein: »Es ist Deine Entscheidung, ob Du es machst oder nicht!« Hier fordern wir die Paare in der Beratung auf, sich gegenseitig ihre Wünsche mitzuteilen. Für die Frauen ist es sehr erleichternd zu hören, dass ihre Männer sich *wünschen*, dass sie die Behandlung durchführen, auch wenn sie es nicht von ihnen verlangen würden. Die Aussage: *»Die Entscheidung liegt bei Dir!«* setzt viele Frauen unter Druck, für alles, was dann schief läuft, die Verantwortung übernehmen zu müssen.
Die Frauen haben meist starke körperbezogene Ängste: Angst vor der Narkose, Angst vor einer Überstimulation, Angst vor einer inneren Verletzung bei der Eientnahme oder dem Embryotransfer, Angst, dass eine bestehende Schwangerschaft nicht festgestellt wird, Angst vor nicht vorhersehbaren körperlichen Folgeschäden, die durch die Behandlung verursacht werden und sie endgültig unfruchtbar machen könnten.
Von beiden Partnern werden manchmal auch Befürchtungen mitgeteilt, die Eier oder der Samen könnten verwechselt werden. Auch Ängste vor einer Behinderung des Kindes durch die Behandlung sind sehr häufig.
Sprechen Sie offen mit Ihrem Arzt über Ihre Befürchtungen. Er wird Ihnen alle Risiken erklären und unbegründete Ängste nehmen

können. Sollte er dies nicht tun, sollten Sie einen Arztwechsel in Erwägung ziehen. Eine künstliche Befruchtung sollten Sie nur von einem Arzt ihres Vertrauens durchführen lassen. Es ist sehr bitter, wenn Sie sich nach vier erfolglosen Zyklen fragen müssen, ob es nicht an Ihrem von Anfang an bestehendem Misstrauen gegenüber dem ärztlichen Team liegen könnte. Die Methoden der künstlichen Befruchtung sind meist so belastend, dass Sie sie nur in einer für Sie angenehmen Atmosphäre durchführen sollten. Mittlerweile gibt es so viele Zentren in Deutschland, dass es in vielen Fällen Alternativen gibt.

»Ich war so zuversichtlich, dass es bei mir klappen würde!« – Die Nachricht »nicht schwanger« nach künstlicher Befruchtung

Auch wenn die meisten Paare mittlerweile über die tatsächlichen Erfolgschancen der künstlichen Befruchtung informiert sind, kann die Nachricht, dass keine Schwangerschaft erreicht wurde, die Betroffenen in ein tiefes Loch stürzen. Bitte beachten Sie, dass man ohne Hoffnung auf ein glückliches Ende eine so aufwendige Behandlung nicht auf sich nehmen würde. Entsprechend kommt es zu einer Enttäuschungsreaktion, die angesichts der Bedeutsamkeit des Kinderwunsches heftig ausfallen kann. Auch aus diesem Grunde ist es wichtig, diese Behandlung gut zu planen, damit Sie nach dem Ergebnis möglichst viel Zeit füreinander haben. Auch wenn Sie schwanger sein sollten, ist es schöner, wenn Sie als Paar die neuen »Umstände« gemeinsam erleben können, denn bei aller Freude, können auch plötzlich neue, unerwartete Ängste auftreten, die wenn sie ausgesprochen werden können, oft ihre Bedrohlichkeit verlieren.

Behandlungskomplikationen

Paare, die eine künstliche Befruchtung beginnen, haben meist schon einen langen Weg erfolgloser medizinischer Behandlungen hinter sich. Ihr Selbstwertgefühl hat darunter bereits häufig sehr gelitten. Umso niederschmetternder sind dann Behandlungskomplikationen, die zum Abbruch der Behandlung führen, wie ein Überstimulationssyndrom, unreife Follikel oder mangelnde Zellteilung. Bei jedem 5. Behandlungsversuch kommt es nicht zu einem Embryonentransfer. Zu größeren Behandlungskomplikationen kommt es zwar nur in ca. 1 % der Versuche, sie können aber einen stationären Aufenthalt notwendig machen und gelegentlich sogar lebensgefährlich sein. Bei manchen Patientinnen liegt die Gefahr von Überstimulationen bei 20 %. Daher sollten Sie sich über Ihr individuelles Risiko genau aufklären lassen.

Aber auch depressive Reaktionen aufgrund der Hormontherapie können für beide Partner sehr verwirrend sein. Endlich so nahe am Ziel und dann so unendlich traurig und niedergedrückt? Oder gereizt und launisch? Bevor Sie selbst zu vieles in Behandlungskomplikationen hineindeuten, suchen Sie vertrauensvoll das Gespräch mit Ihrer Ärztin oder Ihrem Arzt. Sie sind in der Lage, die Ereignisse in das rechte Licht zu rücken. Seien Sie vorsichtig mit vorschnellen Psychologisierungen.

Biochemische Schwangerschaften

> *»Vor einer Woche hab ich mal wieder die schönen Worte ›Herzlichen Glückwunsch, Sie sind schwanger!‹ gehört«. Obwohl mir mein Verstand sagte, dass da noch so viel schief gehen kann, hab ich vor Glück geheult. Heute nacht kam dann leider die rote Pest und ich hab auch schon das Ergebnis des gestrigen Bluttests. Die Werte sind wieder deutlich gesunken. Das war's dann mal wieder. Es tut immer so weh, vor allem wenn's gut aussah.*

Jetzt heul ich mir erst mal alles von der Seele und hoffe, dass mich das verlängerte Wochenende wieder aufbauen kann.«
(K. im September 2000 in einem Internet-Forum)

Sehr verwirrend ist es, wenn der erste Bluttest eine Schwangerschaft anzeigt, die dann bei der nachfolgenden Ultraschallkontrolle nach ca. zwei Wochen nicht bestätigt werden kann. Etwa 30 % der transferierten Embryonen enden als Fehlgeburt oder Eileiterschwangerschaft. Die erste Freude über das Gelingen der Behandlung hatte sich schon vorsichtig eingestellt und so kann die Nachricht, dass doch keine Schwangerschaft vorliegt, ähnliche Trauerreaktionen auslösen wie eine Fehlgeburt, da ein Kind für das Paar bereits psychisch präsent war. Oft fühlen sich die Frauen auch aufgrund der Progesterongaben nach dem Embryotransfer körperlich schwanger und sind dann besonders stark irritiert. Dies kann ein schwerer Schlag für das Selbstwertgefühl der Frau sein, weil sie den Eindruck hat, ihrem Körper nicht mehr trauen zu können. Auch hier ist das Wissen um die möglichen Wirkungen der Behandlung sehr entlastend.

Warten auf den Schwangerschaftstest

»Meine Tipps: sich speziell vor einer medizinischen Behandlung (IVF oder ICSI) genau überlegen, wie und mit wem und mit was man sich am Tag des Schwangerschaftstests entweder freuen will oder aber dann ablenkt. Hier müssten die behandelnden Ärzte viel genauer aufklären, wie man sich möglicherweise fühlen kann, wenn das Testergebnis ›nicht schwanger‹ lautet: Mir ging es so, wie wenn ich von einer beständig ansteigenden Rampe (während der Hormonstimulation) plötzlich, ernüchtert durch den nüchternen Zahlenwert am Telefon (= nicht schwanger) nach einem Vormittag fiebrigen Wartens vor einer Prüfung, einfach heruntergestoßen worden wäre. Der Schalter wurde umgelegt, und, wumm, plötzlich brach alles in mir zusammen. Ich war allein in der Arbeit, keiner da, bin rausgegangen und musste einfach nur heulen. Nach einer Woche depressiver Niedergeschlagenheit kamen wir, mein ebenfalls hilfloser Mann und ich,

dann auf die Idee, in Skiurlaub zu fahren, wo wir uns schnell erholten und wieder Spaß am Leben bekamen. Hätte ich beim ersten ICSI-Versuch gewusst, wie ich mich hinterher fühle (hätte man mich vorgewarnt), dann hätte ich diesen Tag des Testergebnisses und die Zeit danach genau geplant: wie kann ich mich ablenken? Wen rufe ich an? Wer ist dabei, wenn ich das Ergebnis bekomme? Auf jeden Fall mein Mann, vielleicht aber auch eine Freundin noch, die uns dann aus dem Loch rauszieht. Wo können wir uns dann was Gutes tun (Cafe oder Sport oder ...). Dies sollten die Ärzte dringend vorschlagen vor der Behandlung, dies sollte auch verhaltenstherapeutisch regelrecht mit den Patienten vorbereitet werden.«
(Beitrag zu unserer Internet-Umfrage)

Sie können sich selbstverständlich auch dazu entscheiden, zunächst einen Schwangerschaftstest mit ihrem Partner zuhause durchzuführen. Die gebräuchlichen Schwangerschaftstests, die Sie in den Apotheken kaufen können, zeigen bereits wenige Tage nach Ausbleiben der Regel ein zuverlässiges Ergebnis an.
Das Warten auf den Schwangerschaftstest wird häufig als die größte seelische Belastung in der fortpflanzungsmedizinischen Behandlung erlebt. Sie sollten sich also vorher genau überlegen, wie Sie diese Phase für sich gut gestalten können, indem Sie z. B. bestimmte Aktivitäten einplanen (Einladen von Freunden, Kurzurlaube).

Umgang mit Schmerzen und Endometriose

Bei Frauen mit unerfülltem Kinderwunsch, die unter starken Schmerzen während der Menstruationsblutung leiden, liegt häufig eine Endometriose vor. Die Endometriose ist eine gutartige gynäkologische Erkrankung, deren Entwicklung und Fortschreiten nur unvollständig geklärt sind und deren Ursache bisher unbekannt ist. Durch Befall der Eierstöcke oder Eileiter mit Ausbildung von Verwachsungen kann sie Fruchtbarkeitsstörungen verursachen. Mit einer Häufigkeit von etwa sieben bis 15 % in der weiblichen Bevölkerung ist die Endometriose eine der häufigsten gynäkologischen

Erkrankungen im reproduktionsfähigen Alter. Ungeklärt ist bisher auch, warum nur in der Hälfte aller Fälle die Endometriose echten Krankheitswert hat, also aktiv ist, Beschwerden verursacht, fortschreitet und Organe bzw. Organfunktionen beeinträchtigt.

Eine in diesem Sinne aktive Endometriose verursacht typischerweise unterschiedlich starke, langsam zunehmende und zeitweise unerträgliche Menstruationsbeschwerden, zyklische oder permanente Schmerzen im Beckenbereich sowie ungewollte Kinderlosigkeit. Häufig erfordert sie wiederholte stationäre Behandlungen, operative Eingriffe und langfristige medikamentöse Therapien. Diese Endometriose-Patientinnen sind chronische Schmerzpatientinnen und die Chronizität der Beschwerden kann erhebliche psychische Beeinträchtigungen hervorrufen, die sich in einem circulus vitiosus als Stress wiederum negativ auf die Immunabwehr sowie auf das Schmerzerleben auswirken kann.

Für Patientinnen mit regelhaft auftretenden Schmerzen bzw. Dauerschmerzen haben sich – neben der ursächlichen Behandlung der Endometriose – folgende Strategien bewährt, deren Einsatz unter ärztlicher Aufsicht variiert werden sollte, um eine individuell passende Kombination anzuwenden:

1. *Medikamente:*

Der erste Schritt ist häufig die medikamentöse Behandlung der Schmerzen. Vorrangiges Ziel sollte immer die Schmerzfreiheit sein, um eine Chronifizierung der Schmerzen zu vermeiden. Also nicht: »Ein Indianer kennt keinen Schmerz.« Oder »Ich kann Schmerzen aushalten.« Bestehen Sie auf Medikamenten, die wirksam helfen.

2. *Physikalische Therapie:*

Bei Endometriose-Patientinnen sind Wärmebehandlungen zur Ergänzung der Schmerztherapie mit Medikamenten beliebt, um Verspannungen, die die Schmerzen intensivieren können, zu lösen. Also: Wärmflasche, heiße Wickel oder Heizdecke. Empfohlen wird generell auch die Verbesserung der Haltung, der Bauchdecken- und Rückenmuskulatur sowie die Steigerung der körperlichen Kondition durch krankengymnastische Übungen und körperliches Training.

3. *Psychotherapie:*
Endometriose-Patientinnen, die unter erheblichen körperlichen Beschwerden leiden, erleben häufig eine erhöhte Ängstlichkeit und Aggressivität, haben ein negatives Selbst- und Körperkonzept und eine allgemein niedrige Lebenszufriedenheit. Die Gefahr der Chronifizierung auch des psychischen Beschwerdebildes ist hoch, da unabhängig von der gewählten medizinischen Behandlung diese Patientinnen in der Langzeitnachbeobachtung eine hohe Rezidivrate aufweisen, die nach fünf Jahren über 50 % trägt. Aus diesem Grunde kann eine Psychotherapie zur Unterstützung der Krankheitsbewältigung indiziert und sinnvoll sein. Psychologische Schmerztherapien beruhen in erster Linie auf dem Erlernen von Entspannungsmethoden (s. u.) und der Förderung eines bewussteren Umgangs mit den Schmerzen, indem Vorgehensweisen besprochen werden, die einer Schmerzlinderung dienlich sind und dem häufigen innerlichen und äußeren Rückzug der Betroffenen entgegenwirken. Wichtig ist auch, an einer Verbesserung des Körpergefühls zu arbeiten mit dem Fokus auf das Becken. Partnerschaft und Sexualität sind häufig durch die Erkrankung belastet. Hier können Paargespräche eine sinnvolle Hilfe sein.

4. *Alternativmedizin:*
Akupunktur hat sich in der Schmerzbehandlung von Endometriosepatientinnen sehr bewährt, darüber hinaus bieten sich auch andere alternative Heilverfahren (vor allem Homöopathie) zur ursächlichen Behandlung der Endometriose an. Auch eine ausführliche Ernährungsberatung zur Normalisierung des Körpergewichts und zur allgemeinen Gesundheitsförderung hat sich als sinnvoll erwiesen.

Fehlgeburten

> *»…Doch in der zehnten Schwangerschaftswoche kam es wieder zu Schmierblutungen. Trotzdem gingen wir recht optimistisch zum Ultraschalltermin. Dann kam, was viele Betroffene*

kennen: Verdächtige Stille seitens des Arztes und wir sahen selbst, dass das Herz unseres Kindes nicht mehr schlug. Der Arzt war auch völlig verzweifelt, machte noch Vaginalultraschall, aber das brachte natürlich auch kein anderes Ergebnis...«
»Es wäre schön, wenn Frauenärzte und auch Klinikpersonal umfangreicher informiert wären. Ich weiß zwar, dass wiederholte Fehlgeburten nicht sehr häufig vorkommen, fühlte mich aber streckenweise doch sehr alleingelassen, da ich mir viele Infos selbst besorgen musste (...). Außerdem sollten verletzende Aussagen bei Fehlgeburt zumindest vom Klinikpersonal vermieden werden, wie beispielsweise: ›Vielleicht war es besser so!‹, ›Eigentlich war es ja noch kein richtiges Kind!‹, ›Sie sind ja noch jung!‹ etc. Denn solche Aussagen helfen einer Frau, die gerade ein Kind verloren hat (egal in welcher Schwangerschaftswoche) überhaupt nicht! Gut wäre es auch, wenn durch Öffentlichkeitsarbeit das Tabu um dieses Thema beseitigt werden könnte. Viele Bekannte wissen nicht, wie sie in solchen Situationen reagieren sollen, da zu wenig darüber gesprochen wird. Eigentlich würde es ja reichen, für das betroffene Paar da zu sein, mit einem offenen Herz, offenen Ohren und offenen Armen.«
(Frau Ch. K. in unserer Internet-Umfrage)

Die Fehlgeburtsrate liegt bei Maßnahmen der künstlichen Befruchtung mit 25–28 % um 10 % höher als bei Spontanschwangerschaften. D. h. über jede vierte fortpflanzungsmedizinisch unterstützte Schwangerschaft endet als Fehlgeburt. Eine Fehlgeburt ist ein sehr trauriges Ereignis, wenn ein Kinderwunsch besteht. Diese Traurigkeit kann durch ein langes Warten auf die Schwangerschaft noch verstärkt werden. Besonders schlimm kann es auch nach einer intensiven Behandlungszeit für die Schwangerschaft sein. Für Außenstehende ist diese Traurigkeit häufig nicht nachvollziehbar, gerade auch, weil sie meist nichts von den Mühen und Anstrengungen, die die Betroffenen für die Schwangerschaft auf sich genommen haben, wissen. Wundern Sie sich nicht, wenn Sie zu hören bekommen, dass »es doch nicht so schlimm sei« und Sie »es doch jederzeit wieder probieren könnten«.
Gestehen Sie sich aber auch selbst die Trauer um das verlorene Kind zu. Gehen Sie selbst zu schnell zur Tagesordnung über, ohne ihren Verlust ausreichend verarbeitet zu haben, kann es Sie ganz unver-

mutet wieder erwischen. Plötzlich auftretende tiefe Traurigkeit, für die Sie keine aktuelle Ursache finden können, zwingt dann zu einer Auseinandersetzung mit dem Verlust. Trauerreaktionen nach einer Fehlgeburt klingen in der Regel nach sechs Monaten deutlich ab. So lange sollten Sie auch mit der Fortsetzung einer Kinderwunschbehandlung warten bzw. eventuell sogar verhüten. Kommt es nicht zu einem allmählichen Abklingen der Trauer, sondern vielleicht sogar zu einer Verschlimmerung, sollten Sie psychotherapeutische Hilfe in Anspruch nehmen. Beachten Sie bitte auch, dass sich Trauer auch in vermehrter Gereiztheit bis hin zu scheinbar unmotivierten Wutausbrüchen ausdrücken kann, aber auch in Form von bestimmten körperlichen Beschwerden wie z. B. Schmerzstörungen, Schlafstörungen und Essstörungen (siehe Kapitel 3).

- Auch wenn Ihr Arzt nach einer Fehlgeburt bald wieder »grünes Licht« gibt für einen weiteren Versuch: Trauerarbeit braucht seine Zeit. Überlegen Sie gemeinsam, ob es nicht sinnvoll ist, eine fortpflanzungsmedizinische Behandlung erst nach dem errechneten Geburtstermin Ihres verlorenen Kindes fortzusetzen.

Der erfüllte Kinderwunsch nach IVF und ICSI

In der Mehrzahl der Studien findet sich grundsätzlich keine Häufung gravierender Auffälligkeiten in der körperlichen, kognitiven und psychischen Entwicklung von Kindern nach künstlicher Befruchtung. Auch die Paarbeziehung und die Eltern-Kind-Beziehung unterscheiden sich nicht, nur geringfügig oder vorübergehend von denen in Familien ohne Fruchtbarkeitsprobleme. Die Gemeinsamkeiten von Familien nach künstlicher Befruchtung und solchen nach spontaner Schwangerschaft sind größer als die in einzelnen Studien berichteten Unterschiede. Riskante Entwicklungsbedingungen für die Partnerschaft, Eltern-Kind-Beziehung und kindliche Entwicklung werden unabhängig von der Art der Zeugung in bis zu einem Drittel der Fälle gefunden.

Diskussionsbedarf besteht bezüglich des Problems höhergradiger Mehrlingsschwangerschaften, da die betroffenen Familien nachweislich besonderen gesundheitlichen, sozialen und emotionalen Belastungen ausgesetzt sind. Hilfen für diese Klientel müssen über das Eintreten der Schwangerschaft hinausreichen, was sie aber in der Regel nicht tun.

Mehrlinge

Der Anteil von Zwillingsgeburten nach IVF/ICSI liegt mit ca. 24 %, von Drillingsgeburten mit vier Prozent deutlich über der Mehrlingsrate nach Spontanschwangerschaft. Zudem sind (je nach Studie) ein Viertel bis die Hälfte aller Mehrlingsgeburten Frühgeburten.
Die Richtlinien der Bundesärztekammer zur Durchführung der assistierten Reproduktion empfehlen seit 1998 bei Frauen unter 35 Jahren nur zwei Embryonen zu transferieren, um die Anzahl der Drillingsgeburten zu vermindern. Bei Drillingsschwangerschaften steigt die Gefährdung für die Schwangeren und die Kinder so erheblich an, dass es notwendig erscheint, ausdrücklich vor der gesetzlich erlaubten Anzahl der Übertragung von drei Embryonen zu warnen. Dies gilt auch für Frauen über 35 Jahren. Falls Sie sich ernsthaft mit dem Gedanken auseinandersetzen, drei Embryonen zu übertragen, informieren Sie sich bitte noch einmal *ausführlich* über alle möglichen Risiken.

Frühgeburten

In den meisten Studien zur Schwangerschaftsentwicklung nach IVF wird ein generell größeres prä- und perinatales Risiko im Vergleich zu Spontanschwangerschaften angegeben, das sich nur teil-

weise durch die hohe Rate an Mehrlingsschwangerschaften erklären lässt. Grundsätzlich muss zur Anzahl von Schwangerschaftskomplikationen, Aborten, Frühgeburten und perinatalen Risiken auch das Alter der Schwangeren berücksichtigt werden. Dieses kann bei reproduktionsmedizinisch behandelten Frauen im Vergleich zu fertilen Frauen höher sein.
Als hauptsächliches Risiko der IVF-Methode ist die insgesamt um das fünf- bis sechsfache erhöhte Rate an Frühgeburten und das geringe Geburtsgewicht der Kinder herauszustellen.
Es werden fast die Hälfte aller Kinder nach IVF und ICSI per Kaiserschnitt entbunden, dieses nicht nur infolge der hohen Anzahl von Mehrlingsschwangerschaften. Auch die Kaiserschnittrate für IVF-Einlinge beträgt weltweit 28–47 % im Vergleich zu ca. 13 % bei Einlingsgeburten nach spontaner Konzeption (abweichend davon: USA ca. 25 %).

Behindertes Kind

Wenn Paare lange auf eine Schwangerschaft gewartet und dafür langwierige Behandlungen auf sich genommen haben, gehen sie meist sehr viel bewusster, aber auch unsicherer mit der Frage nach einer vorgeburtlichen Diagnostik zur Feststellung einer kindlichen Behinderung um. Wenig hinterfragt wird heute der meist routinemäßig eingesetzte sogenannte „Missbildungsultraschall“ oder der Triple-Test. Beide Untersuchungen sollen aber dazu dienen, kindliche Fehlbildungen festzustellen. Aber auch die invasiveren Methoden wie Fruchtwasseruntersuchung oder Chorionzottenbiopsie sollen bestimmte Erkrankungen feststellen, um in der Regel zu entscheiden, ob die Schwangerschaft fortgesetzt werden soll. Das geringe aber vorhandene Risiko einer durch die invasive Untersuchung verursachten Fehlgeburt führt bei Paaren mit langjähriger Kinderlosigkeit häufig zu einem vorsichtigeren Umgang mit diesen Methoden. Bitte beachten Sie, dass der Anteil von Missbildungen bei Kindern

nach Verfahren der künstlichen Befruchtung nicht höher als bei spontan empfangenen Kindern ist (mögliche Ausnahme: Das ICSI-Verfahren, s. Kapitel 1, und Mehrlinge). Stellen Sie sich bereits vor der Durchführung dieser Untersuchungen die Frage, was Sie davon erwarten: Zur Beruhigung der Schwangeren dienen sie in den meisten Fällen nicht. Im Gegenteil: das Warten auf das Ergebnis bedeutet eher eine seelische Belastung der Schwangeren. Sie müssen vorab als Paar klären, wie Sie mit einem positiven Ergebnis umgehen würden. Trauen Sie sich zu, eine solche Entscheidung zu fällen? Wie würden Sie mit Schwangerschaftskomplikationen, die durch die Untersuchung verursacht werden könnten, umgehen?
Bedenken Sie folgende wichtige Aspekte der Entscheidung:

- Nur ein Bruchteil möglicher Behinderungen kann durch vorgeburtliche Diagnostik erfasst werden. Auch ein negatives Ergebnis kann Ihnen nicht die Sicherheit geben, ein gesundes Kind zu bekommen.
- Auch durch das erhöhte Frühgeburtsrisiko bei künstlicher Befruchtung können gesundheitliche Komplikationen bei Ihrem Kind auftreten.
- Auch wenn Sie ein gesundes Kind auf die Welt bringen (der wahrscheinlichste Ausgang Ihrer Schwangerschaft), kann es jederzeit durch einen Unfall bzw. eine schwere Erkrankung ein „Sorgenkind“ werden.

Falls das Ergebnis der Untersuchung auf eine möglicherweise schwerwiegende Behinderung des Kindes hinweist, entscheiden Sie sich nicht gleich für einen Abbruch, sondern nehmen Sie sich ausreichend Zeit für Ihre Entscheidung. Neuere Untersuchungen weisen darauf hin, dass die meisten Eltern, die ein behindertes Kind bekommen haben, sich langfristig gut an diese Situation anpassen können und dieses Kind als Bereichung für ihr Leben empfinden. Die meisten Probleme nach einem Schwangerschaftsabbruch entstehen, wenn die Frau das Gefühl hat, die Entscheidung übereilt und ohne ausreichende Abwägung von Alternativen getroffen zu haben.
Informieren Sie sich sorgfältig über die mögliche Behinderung. Die meisten psychosozialen Beratungsstellen, die Schwangerschafts-

konfliktberatung anbieten, können Ihnen in dieser Krisensituation qualifiziert beistehen, aber auch zur Beratung **vor** dieser Diagnostik. Auch Hebammen bieten Unterstützung bei diesen Fragen an. Sprechen Sie mit betroffenen Eltern und erkundigen Sie sich, wie diese ihre Entscheidung getroffen haben. Über Selbsthilfegruppen können Sie entsprechende Adressen erhalten (siehe Internet-Tipps). Eine hilfreiche Broschüre *(Was will ich über mein ungeborenes Kind wissen?)* können Sie bei der Hamburger Arbeitsgemeinschaft für Gesundheitsförderung erhalten.

Literaturempfehlungen

Zu Fehl- und Totgeburten:
Das Buch *Gute Hoffnung – jähes Ende. Fehlgeburt, Totgeburt und Verluste in der frühen Lebenszeit* (Kösel 2001) von Hannah Lothrop gilt als der beste Ratgeber für Paare nach Fehl- und Totgeburten. Hier bekommen Sie viele hilfreiche Hinweise, wie Sie den Verlust Ihres Kindes besser bewältigen können. Lesenswert ist auch *Verwaiste Eltern* von Harriet S. Schiff (Kreuz 1997). Von den Autoren Barbara Künzler-Riebel und Gottfried Lutz liegt das Buch *Nur ein Hauch vom Leben – Elternberichte* (Ernst Kaufmann 2002) vor. Hier berichten betroffene Eltern von ihren Erfahrungen. Eher wissenschaftlich ausgerichtet ist das Buch von Manfred Beutel *Der frühe Verlust eines Kindes. Bewältigung und Hilfe bei Fehl-, Totgeburt und Fehlbildung* (Hogrefe 2002).

Zum frühgeborenen Kind:
Sabine König-Krist: *100 Fragen zum Frühgeborenen* (Goldmann 1995).
Kornelia Strobel: *Frühgeborene brauchen Liebe. Was Eltern für ihr Frühchen tun können* (Kösel 2001).

Zu Mehrlingsgeburten:
Marion von Gratkowski: *Zwillinge. Wie Sie mit ihnen fertig werden, ohne selbst fertig zu sein* (Trias 1999),

Elizabeth Bryan: *Zwillinge, Drillinge und noch mehr. Praktische Hilfen für den Alltag* (Huber 1994).

Zum behinderten Kind:
Nancy B. Miller: *Mein Kind ist fast ganz normal* (Trias 1997).

Endometriose:
Ewald Becherer und A. E. Schindler: *Endometriose. Rat und Hilfe für Angehörige und Betroffene* (Kohlhammer 2002).
Jörg Keckstein: *Endometriose – Die verkannte Frauenkrankheit!?* (Diametric 2002).
Martin Sillem: *Wirksame Hilfe bei Endometriose. Ein Ratgeber für Frauen: Wie Ihr Arzt Sie behandelt* (Trias 1998).

Schmerzen:
Hanne Seemann: *Freundschaft mit dem eigenen Körper schließen. Über den Umgang mit psychosomatischen Schmerzen* (Klett-Cotta 2000).

Internet-Tipps

Zu Fehl- und Totgeburten:
Von Hannah Lothrop gibt es auch eine Internetseite: **www.under-the-rainbow.de.** Weitere Internet-Adressen von und für Eltern, die ihr Kind durch eine Fehl-, Tot- oder Frühgeburt, medizinisch indizierten Abbruch, während oder kurz nach der Geburt verloren haben: **www.die-muschel.de**, **www.initiative-regenbogen.de**, **www.engelskinder.de** (in der Schweiz: **www.engelskinder.ch**).
Internet-Foren, in denen sich Betroffene nach Verlust ihres Kindes austauschen können, gibt es beispielsweise unter **www.schmetterlingskinder.de**, **www.klein-putz.com** und unter den Foren der Zeitschrift »Eltern« (**www.eltern.de**). Dort bekommen Sie auch Tipps zu Ritualen im Umgang mit dem verstorbenen Kind.

Zum frühgeborenen Kind:
Der Bundesverband »Das frühgeborene Kind e. V.« (**www.frueh-geborene.de**), ist der Dachverband aller Elterngruppen. Hier finden Sie Mitgliedsvereine nach Postleitzahl geordnet, eine Kontaktbörse, eine Mailingliste und vieles mehr.

Zu Mehrlingsgeburten:
Internationale Drillings- und Mehrlings-Initiative »ABC-Club e. V.« (**www.abc-club.de**).

Zum behinderten Kind:
Eine Übersicht mit Adressen von allen Selbsthilfegruppen, die im Zusammenhang mit einer genetischen Beratung von Bedeutung sein können, finden sie unter **www.bvmedgen.de/ms/shg.html.** So ist z. B. LEONA, ein Verein für Eltern chromosomal geschädigter Kinder, im Internet unter **www.leona-ev.de** vertreten. Sie sollten sich auch die Seiten von **www.lebenshilfe.de** ansehen.

Endometriose:
Neben den bereits erwähnten Internet-Seiten mit medizinischen Informationen zu ungewollter Kinderlosigkeit gibt es auch Seiten, die sich mit speziellen Aspekten befassen. Beispielsweise die Seiten der Endometriosevereinigung Deutschland e. V. unter **www.endometriose-vereinigung.de.** Unter **www.tnet.at** finden Sie »Cookie's Endometriose-Board«, ein deutschsprachiges Forum zum Austausch betroffener Frauen. Englischsprachige Informationen zur Endometriose finden Sie unter **www.endo.org.uk,** zum PCO-Syndrom unter **www.pcosupport.org.**

6 *Hilfen bei der seelischen Verarbeitung*

»Ich habe bisher nie sehr viel von einer Psychotherapie gehalten. Mein Motto war immer: Mit meinen Problemen werde ich schon alleine fertig. Im August hat uns das Schicksal jedoch einen Strich durch die Rechnung gemacht. Die erfolgreiche siebte heterologe Insemination endete leider am 31.8. mit der Diagnose Eileiterschwangerschaft. Es folgte eine Notoperation mit Eileiterentfernung. Und da waren wir uns dann sicher, dass wir es ohne professionelle Hilfe nur schwer schaffen können, aus diesem tiefen, tiefen Loch herauszufinden. Auch wir haben die psychotherapeutische Hilfe in unserem Kiwu-Institut in Anspruch genommen. Auch wenn ich mich anfangs dagegen gewehrt habe, hat es uns wirklich sehr geholfen. Die Therapeutin war sehr nett und auch speziell auf das Thema Kinderwunsch spezialisiert. Wichtig ist natürlich auch persönliche Sympathie und das richtige Umfeld. Ich kann Dir nur sagen: Ohne diese Therapie hätten wir das Geschehene nicht aufarbeiten können. Und um wieder nach vorne schauen zu können, musst Du erst das Erlebte verarbeiten.«
(Frau D. im November 2000 in einem Internet-Forum)

Im Rahmen des Heidelberger Kinderwunsch-Projektes haben wir verschiedene Untersuchungen durchgeführt, um den Bedarf an seelischer Unterstützung aus der Sicht aller Beteiligten zu erfahren. Der psychologische Beratungsbedarf wurde von zwei Dritteln der befragten *Gynäkologen* als hoch eingestuft, insbesondere nach gescheiterten Inseminations- und In-vitro-Fertilisations-(IVF)-Versuchen. Im Vergleich zu den Angaben der Patientinnen wurde der Beratungsbedarf zu Behandlungsbeginn eher unterschätzt. Unsere *Internet-Umfrage* ergab folgende Ergebnisse: Als Wünsche an die Frauenärzte wurde bessere und offenere Aufklärung über die medizinische Behandlung sowie Informationen über psychologische Beratung genannt. Die größte Belastung wurde nach »Fehlversuchen«, aber auch zu Beginn der Behandlung gesehen. Im Rahmen von *persönlichen Interviews* erfuhren wir, dass die befragten Paare eine psychologische Beratung besonders in Zusammenhang mit eingreifenden Verfahren wie IVF und zu Beginn der Sterilitätsbehandlung erwarteten. Das Angebot wünschten sie sich jedoch auch abhängig von individuellen Krisensituationen wie depressiven Einbrüchen z. B. nach Eintritt der Regelblutung, Partnerkonflikten um das weitere Vorgehen und Konflikten am Arbeitsplatz wegen der Kinderwunschbehandlung. In den Interviews wurde oft die Angst geäußert, stigmatisiert zu werden, falls eine psychologische Beratung in Anspruch genommen werden würde. Auch fürchteten manche, dass Therapeuten sie zu stark verunsichern könnten. Viele Befragte meinten, eine Psychotherapie schließe die gleichzeitige medizinische Behandlung aus.

An diesen Ergebnissen können Sie sehen, dass einerseits von allen Beteiligten der Beratungsbedarf hoch eingeschätzt wird. Andererseits lassen sich jedoch auch viele (zum Teil berechtigte) Vorbehalte erkennen. Für viele Paare und auch Ärzte bedeutet die Inanspruchnahme einer psychologischen Beratung, dass seelische Konflikte für ihre Kinderlosigkeit ursächlich sind (siehe auch Kapitel 4). Sie befürchten daher manchmal eine zusätzliche Belastung. Gleichzeitig werden mit diesem Ansatz überzogene Erwartungen geweckt, als könnte eine psychologische Beratung oder Therapie eine Schwangerschaft quasi »herbeireden«.

Einer wissenschaftlich fundierten Beratung liegt heutzutage jedoch ein deutlich anderes Modell zugrunde:

Ziele psychologischer Beratung:
- eine bessere Bewältigung der aktuellen Kinderlosigkeit zu ermöglichen
- Informationsdefizite zu beheben
- Entscheidungshilfen bezüglich einzelner medizinischer Behandlungsschritte zu bieten
- mögliche (Paar-)Konflikte bei der Fertilitätsbehandlung zu vermindern
- die Kommunikation miteinander und mit den Ärzten zu verbessern
- mögliche sexuelle Störungen zu bearbeiten
- die Bewältigungskompetenzen der Partner zu aktivieren
- die Akzeptanz einer möglicherweise nicht therapierbaren körperlichen Störung zu fördern und
- Unterstützung bei der gegebenenfalls notwendigen Veränderung des Lebensstils und der Lebensziele zu bieten.

Beratungskonzept der »Heidelberger Kinderwunsch-Sprechstunde«

> *»Emotional ist bei Ihnen in den Sitzungen sehr viel gewesen und passiert. Vor allem schmerzhafte Gefühle wie Neid, Angst, Wut, Trauer und Ohnmacht habe ich erlebt. Ich fühle heute anders: ich bin traurig über meine Kinderlosigkeit, aber nicht mehr verzweifelt und depressiv. Ich kann wieder freudig und erwartungsvoll Anteil nehmen an der Schwangerschaft von meinen gerade auch ehemals ungewollt kinderlosen Freunden und Bekannten. Ich bin ausgeglichener und unsere Partnerschaft ist harmonischer geworden. Die Sexualität ist lustvoller geworden und entkoppelt sich mehr und mehr vom Kinderwunsch, der immer noch ein wenig zwanghafte Anteile enthält.«*
> *(Rückmeldung von Frau S. nach unserer Beratung)*

Exemplarisch sollen hier Aufbau und Inhalte der psychologischen Paarberatung dargestellt werden, wie sie seit 1990 innerhalb der

»Heidelberger Kinderwunsch-Sprechstunde« am Universitätsklinikum Heidelberg entwickelt und von 1994 bis 2000 durchgeführt wurde. Alle Paare mit unerfülltem Kinderwunsch haben hier das Angebot einer psychologischen Beratung. An die Beratung, die zwei Gespräche von jeweils einstündiger Dauer umfasst, konnte sich bei Bedarf eine zehnstündige fokale Paartherapie anschließen. Der Zeitpunkt der Inanspruchnahme war unterschiedlich: einige Paare machten gleich nach dem Erstkontakt in der Frauenklinik einen Beratungstermin aus, manche wandten sich erst nach mehrjähriger medizinischer Behandlung an die Psychologen.

Die Gespräche mit den Paaren führten wir mit der Grundhaltung, Kinderlosigkeit nicht zwangsläufig als Ausdruck einer Störung in der Partnerschaft oder eines »fixierten« Kinderwunsches zu verstehen. Letztgenannte Haltung vertreten leider nicht nur viele Psychotherapeuten älterer psychoanalytischer Prägung, sondern auch etliche Gynäkologen. Diese Sichtweise muss nach dem heutigen Stand der Forschung als völlig überholt bezeichnet werden. Eine Fertilitätsstörung basiert in unserem Modell auf einem multifaktoriellen Bedingungsgefüge, bei dem psychische Faktoren eine bedeutsame Rolle spielen *können* (siehe Kapitel 4). Wir sehen das Erleben einer Fertilitätsstörung als ein kritisches Lebensereignis an, dessen Bewältigung bzw. Nicht-Bewältigung weitreichende Konsequenzen für die Fruchtbarkeit, für die Paarbeziehung und für weitere Lebensbereiche haben kann.

Hauptpfeiler der Gesprächsführung in der Paarberatung sind: **Transparenz** (Ablauf, Inhalte und Ziele der Beratung werden dem Paar erläutert und begründet), **Paarzentrierung** (der Kinderwunsch wie auch der Umgang mit der Kinderlosigkeit gehen beide Partner an), **Klärung** (welche Motive fließen bei beiden Partnern in den Kinderwunsch mit ein?), **Entlastung** (fast jedes Paar empfindet die Sexualität während der Kinderwunschbehandlung als beeinträchtigt) und **Ressourcenaktivierung** (die Gestaltungsmöglichkeiten des Paares in der jetzigen Situation der Kinderlosigkeit werden gestärkt).

Zum Ablauf der Paarberatung und zu ihren inhaltlichen Schwerpunkten siehe Abbildung 2.

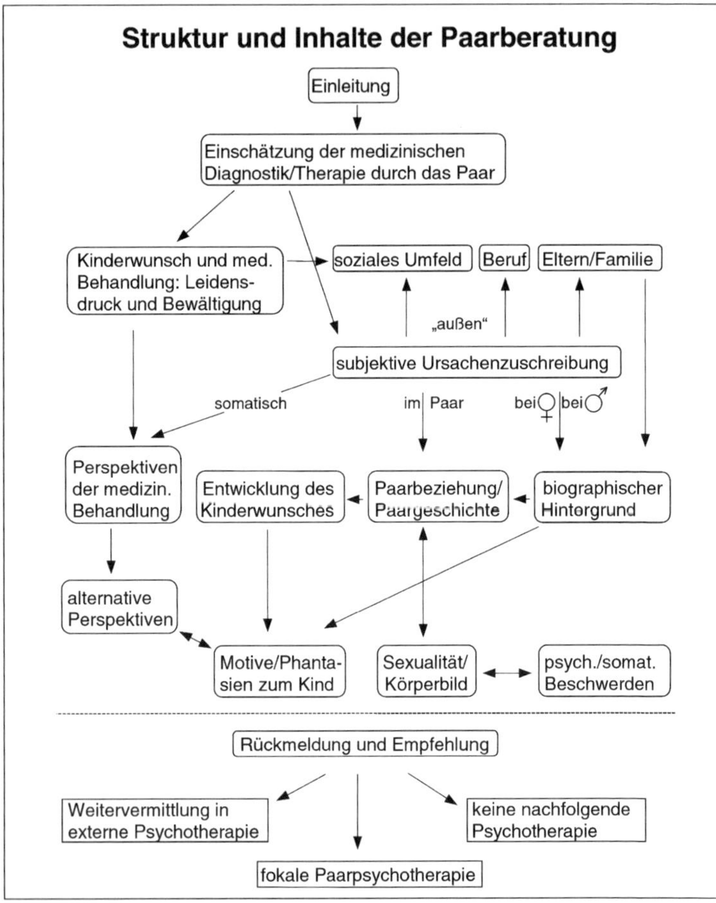

Abbildung 2: Struktur und Inhalte der Paarberatung der »Heidelberger Kinderwunsch-Sprechstunde«[5].

[5] Abbildung aus Wischmann, T., Stammer, H., Gerhard, I., Verres, R. (1997): »Heidelberger Kinderwunsch-Sprechstunde« – Ein Modell psychosomatischer Beratung von Paaren mit unerfülltem Kinderwunsch. Geburtshilfe und Frauenheilkunde (52), S. 405–412, Stuttgart, Thieme. Wir danken dem Verlag für die freundliche Nachdruckgenehmigung.

Das konkrete Vorgehen in der Paarberatung ist in unserem neuen Buch »Paarberatung und Paartherapie bei unerfülltem Kinderwunsch« (Stammer und Wischmann 2003) anschaulich dargestellt (siehe Literaturhinweise am Ende dieses Abschnitts). Auf einige wichtige Inhalte der Beratung möchten wir hier im Detail eingehen: Eine zentrale Frage ist die nach der **subjektiven Ursachentheorie,** d. h. das Paar wird gefragt, was es – unabhängig von der medizinischen Diagnose – selber als möglichen Grund für die ungewollte Kinderlosigkeit ansieht. Dabei werden beide Partner ermutigt, auch scheinbar absurde, banale oder nebensächliche Aspekte zu benennen. So nannte beispielsweise eine Patientin, dass ihre Tante sie als Jugendliche in einem Streit beschimpfte: »Du wirst niemals Kinder bekommen!«. Dieser »Fluch« wirkte immer noch auf die Frau und ängstigte sie massiv während der aktuellen Kinderwunschbehandlung. Die subjektive Ursache kann vom Paar in unterschiedlichen Bereichen gesehen werden. Häufig werden von beiden Partnern Überforderung und Stress im Beruf genannt. Die Frau fühlt sich nicht wohl an ihrer jetzigen Arbeitsstelle, weil alle Kolleginnen inzwischen schwanger geworden sind oder bereits Kinder haben, sie würde gerne die Stelle wechseln, traut sich aber nicht, den potentiellen neuen Arbeitgeber mit einer baldigen Schwangerschaft zu »brüskieren«. Ziel der Beratung ist es, dem Paar zu ermöglichen, das »Leben außerhalb des Kinderwunsches« wiederzuentdecken. In einem Fall hieß das dann für die Frau, Bewerbungen auf andere Arbeitsstellen zu schreiben, um ihren beruflichen Stellenwert besser einschätzen zu können. Die Resonanz war dann erfreulich gut, was das Selbstwertgefühl der Frau deutlich erhöhte. Als subjektive Ursache kann auch »Druck« durch das soziale Umfeld gesehen werden: Alle Freundinnen sind schwanger geworden, die Schwiegereltern warten auf das erste Enkelkind, die Fußwege scheinen von Kinderwagen nur so zu wimmeln. Auf die Frage: »Wollt ihr denn eigentlich keine Kinder?« wird gelegentlich zu Notlügen gegriffen, Familienfeste mit Nichten und Neffen werden erduldet. Hier kann es sinnvoll sein, gemeinsam zu überlegen, ob das Paar weiter an einer Strategie der Verheimlichung festhält oder offensiver mit der Kinderlosigkeit und der Behandlung umgeht und aktiv Grenzen setzt (siehe Kapitel 10).

Auch die **Entwicklung des Kinderwunsches und dessen Bedeutung** für beide Partner nimmt einen großen Teil in der Beratung ein. Nicht selten erleben wir es, dass ein Paar alle Lebensschritte sorgfältig geplant hatte: Berufsausbildung, Karriere, Hausbau und schließlich soll das erste Kind planmäßig kommen. Natürlich ist Nicht-schwanger-Werden inzwischen sehr gut planbar, Schwanger-Werden aber trotz der modernen Reproduktionsmedizin nicht. Hier ist es hilfreich, mit dem Paar zusammen zurückzublicken, wie es bisher mit existenziellen Krisen umgegangen ist. Wenn aus der Zweier- eine Dreierbeziehung wird oder werden soll, kann dieses ähnlich einschneidende Auswirkungen auf die Psyche haben, wie wenn ein Familienmitglied die Familie verlässt. Das Paar wird ermutigt, über die konkreten Veränderungen, die mit einem Kind gewünscht werden, miteinander wieder ins Gespräch zu kommen. Das kann für die Frau bedeuten, dass sie sich mit Kind erhofft, den Mann häufiger zu Hause zu sehen, der Mann dagegen glaubt, seine Frau sei dann ausgelastet und zufrieden, und er könne öfter seinem Hobby nachgehen. Häufig erleben wir es, dass Frauen und Männer ganz unterschiedliche Veränderungen durch ein Kind erwarten. Wenn wir den Eindruck haben, dass mit einem Kind völlig unrealistische Erwartungen verknüpft sind, bitten wir die Partner sich zu fragen, was sie so sicher machte, dass es sich bei ihnen anders entwickeln wird als bei Familien aus dem Freundes- oder Bekanntenkreis. Es lohnt sich, sich selbst in diesem Zusammenhang die sogenannte »Wunderfrage« zu stellen: »Was wird für mich anders sein, wenn mein Problem ›unerfüllter Kinderwunsch‹ gelöst ist? Was werden wir dann ganz konkret anders machen als heute? Wie werden die anderen in unserer Umgebung auf diese Veränderung reagieren? Was von alledem kann bereits heute schon geschehen?«

Als dritter wichtiger Punkt soll der Themenbereich **alternative Perspektiven** angesprochen werden: Wenn sich ein Paar zu einer medizinischen Behandlung an einem fortpflanzungsmedizinischen Zentrum entschlossen hat, ist es natürlich schwierig, über Perspektiven ohne ein leibliches Kind zu sprechen. Wir halten es aber für notwendig, dass das Paar sich die innere Freiheit verschiedener Möglichkeiten und Entwicklungen bewusst macht. Eine Schlüsselfrage dazu lautet: »Wenn Sie in fünf Jahren noch ungewollt kinderlos wären, was würden Sie dann tun?« Wir ermutigen das Paar, sich frühzeitig über Adoptionen und Pflegschaften zu informieren, da das krasse Missverhältnis von Bewerbern um ein Adoptivkind und den zu vermittelnden Kindern einigen Paaren nicht klar ist (siehe Kapitel 9). Ähnlich wie bei der Einschätzung der medizinischen Behandlung hofft verständlicherweise fast jedes Paar, bei der Minderheit der Erfolgreichen zu sein. Wenn Paare erst nach jahrelanger Kinderwunschbehandlung diesen Weg einschlagen, liegt aufgrund des höheren Alters beider Partner die Chance auf eine Säuglingsadoption nahezu bei Null.

Eine weiterführende Paartherapie wird von uns nur dann empfohlen, wenn nach unserem Eindruck eine vertiefte Bearbeitung bestehender Probleme notwendig erscheint. Dies sind anhaltende depressive Verstimmungen der Frau, die sich in Schwermut, Hoffnungslosigkeit, Antriebslosigkeit oder starker Gereiztheit ausdrücken können, aber auch körperlich in Schlafstörungen, Druckgefühlen, Appetitlosigkeit oder starker Gewichtszunahme. Hier kann selbstverständlich auch eine Einzeltherapie notwendig sein. Eine Paartherapie erscheint meist doch sinnvoller, da es bei dem Leiden am unerfüllten Kinderwunsch um ein letztlich gemeinsames Leiden geht, das Frauen aus vielerlei Gründen meist intensiver wahrnehmen und die Männer andere Verarbeitungsmechanismen benutzen. Die unterschiedlichen Bewältigungswege können sich gegenseitig ergänzen, werden zu Beginn jedoch oft als eine gegenseitige Belastung erfahren.

Eine Paartherapie ist notwendig bei sexuellen Störungen, die nicht körperlich bedingt sind und anderen Kommunikationsproblemen, die die Erfüllung des Kinderwunsches beeinträchtigen. Dies können Konflikte um die Durchführung und die Art der medizinischen Behandlung sein. Manchmal wünscht sich die Frau eine naturheilkundliche Behandlung und der Mann präferiert das reproduktionsmedizinische Vorgehen. Hilfreich kann es dann sein, zu erkennen, dass es nicht immer um ein Entweder-oder sondern auch um ein Sowohl-als-auch gehen kann. Hinter dem Wunsch nach einer naturheilkundlichen Behandlung der Frau steckt häufig das Bedürfnis,

dem Körper Ruhe und Erholung zu gönnen, seinen eigenen Rhythmus wieder zu finden, der durch die Hormonbehandlungen als manipuliert erlebt wird. Dieses Bedürfnis zu ignorieren, kann durchaus den Erfolg einer reproduktionsmedizinischen Behandlung gefährden. In einer Paartherapie kann es auch um die Klärung weiterer Optionen des Paares gehen, bei denen das Paar von sich aus keine Übereinstimmung erzielt: z. B. Behandlung mit Spendersamen, Aufnahme von Pflege- oder Adoptivkindern in die Familie. Am Ende einer reproduktionsmedizinischen Behandlung können intensivere psychologische Gespräche nützlich sein, einen guten Abschied von der Hoffnung auf ein leibliches Kind zu finden.
Unser Modell mit zwei Beratungsgesprächen und einer anschließenden Paartherapie wird von uns mittlerweile sehr flexibel gehandhabt: Für eine psychologische Beratung sind zwei Gespräche notwendig, da nach einem Gespräch meist noch Fragen auf beiden Seiten offen bleiben bzw. erst nach der Beendigung des Gesprächs auftauchen. Das erste Gespräch dient dem gegenseitigen Kennenlernen und den »einfachen« Fragen des Paares. Viele Anliegen z. B. in Bezug auf sexuelle Beeinträchtigungen oder intensive Neid- und Wutgefühle, die dem Paar vielleicht peinlich erscheinen, lassen sich bei einem zweiten Gespräch leichter thematisieren. Weitere Gesprächstermine handeln wir mittlerweile individuell aus. Als Obergrenze haben sich jedoch maximal zehn Sitzungen bewährt. So sprechen wir heute auch nicht mehr ausdrücklich von Paartherapie sondern eher von einer erweiterten Paarberatung.
Hilfreiche Fragen, die Sie bei Ihrer eigenen Auseinandersetzung mit dem unerfüllten Kinderwunsch nutzen können, sind:

- Was bedeutet es für mich, Mutter bzw. Vater zu werden? Welche Veränderungen verknüpfe ich damit? Welche Entwicklung als Frau bzw. Mann erwarte ich, wenn wir kinderlos bleiben?
- Wie wird sich unsere Partnerschaft durch ein Kind verändern und wie wird sie sich verändern, wenn wir kein eigenes Kind bekommen werden?
- Was erwarten die Eltern und Großeltern von uns? Welche ausgesprochenen und unausgesprochenen Aufträge gibt es?

- Welche Aufgaben und Rollen hatten die Frauen und Männer in unseren Herkunftsfamilien zu erfüllen?
- Zeichnen Sie einen Kreis und gestalten Sie daraus ein Tortendiagramm, indem Sie den momentan wichtigsten Lebensbereichen Teile der »Torte« zuweisen: Der Fruchtbarkeitsproblematik, dem Beruf, Freizeit und Hobbies, Freunden, Ihrer Ehe, Ihren Eltern und Geschwistern etc. Versuchen Sie möglichst konkret Ihr augenblickliches Leben abzubilden, welche Rolle Sie den einzelnen Lebensbereichen *innerlich* zuweisen – das muss nicht ihrem realen Tages- oder Wochenablauf entsprechen. Schreiben Sie die Antworten jeder für sich auf und versuchen Sie, Ihre spontanen Einfälle zu notieren. Zensieren Sie möglichst wenig. Tauschen Sie Ihre Antworten aus und sprechen dann über Ihre Eindrücke. Welche Ihrer Aussagen erscheinen Ihnen angemessen und sinnvoll? Welche Aussagen möchten Sie am liebsten streichen? Welche möchten Sie verändern und welche möchten Sie vielleicht hinzufügen? Wenn Sie damit fertig sind, nehmen Sie sich noch mal kurz Zeit, gemeinsam einen Plan zu erstellen, welche Schritte in der nächsten Zeit für Sie anstehen. Nehmen Sie sich auf gar keinen Fall zu viel vor. Legen Sie zusammen fest, wann Sie sich das nächste Mal zusammensetzen, um zu überprüfen, welche Ihrer Vorhaben Sie realisiert haben und welche nicht. Bei denen, die Sie nicht umgesetzt haben, lohnt es sich zu überlegen, welche guten Gründe Sie davon abgehalten haben. Wägen Sie ab, ob die festgelegten Ziele noch Bestand haben oder einer Korrektur bedürfen. Vielleicht gibt es auch neue Ziele, die sich in der Zwischenzeit entwickelt haben.

Selbsthilfegruppen

Viele Paare leiden sehr unter der Vorstellung, alleine mit ihrem Problem dazustehen bzw. darunter, dass Nichtbetroffene kein Verständnis für ihre Situation haben. Selbsthilfegruppen sind eine be-

währte Möglichkeit, dem Gefühl der Isolation und der Tabuisierung des unerfüllten Kinderwunsches zu begegnen. In Selbsthilfegruppen setzen sich Frauen oder Paare mit unerfülltem Kinderwunsch ohne Anleitung durch Fachleute zusammen, um im persönlichen Kontakt miteinander ihre Schwierigkeiten zu besprechen und besser bewältigen zu können.
Für viele Frauen ist es befreiend, in einer Selbsthilfegruppe endlich Frauen zu finden, die ihre monatlichen seelischen Einbrüche kennen und nachempfinden können. Für die meisten ist es auch sehr entlastend festzustellen, dass ihre widersprüchlichen Gefühle »normal« sind und mit ihrer aktuellen Lebenssituation der ungewollten Kinderlosigkeit zusammenhängen. Selbsthilfegruppen sind ganz unterschiedlich organisiert: Gruppen für Frauen oder Paare – Gruppen für Männer mit unerfülltem Kinderwunsch sind uns bisher nicht bekannt – wo spezifische Themenabende vorbereitet werden oder die Gruppe jedes Mal offen für die Anliegen der Teilnehmerinnen sind. Die meisten Gruppen bieten psychosoziale Unterstützung an und zwar nicht nur zur persönlichen Verarbeitung des unerfüllten Kinderwunsches, sondern auch zum konkreten Austausch über die medizinischen Behandlungen. Manchmal werden dazu auch Experten eingeladen.
Selbsthilfegruppen sind dann kritisch zu sehen, wenn sie die »Grübelneigung« der Betroffenen noch verstärkten bzw. auftretende Konflikte zwischen den Teilnehmerinnen nicht bewältigen können, was oft mit der Nichtbeachtung von Gruppenregeln verbunden ist. Schwierige Situationen können durch das Auftreten von Schwangerschaften entstehen, die zu einer Belastungsprobe für den Zusammenhalt der Gruppe werden können. Unterschiedliche Meinungen gibt es auch häufig über die Beteiligung der Männer.

- Sie müssen jeweils selbst entscheiden, was Ihr zentrales Anliegen an eine Gruppe ist und dann überprüfen, ob Sie das finden, was Sie suchen.

Die Gruppe kann auf jeden Fall eine große Solidarität unter den Teilnehmerinnen auslösen und so deren Selbstbewusstsein stärken,

da sie sich wohltuend von dem Mitleid oder der Ignoranz von Außenstehenden unterscheidet.
Sie können selbst jederzeit eine Selbsthilfegruppe gründen. Die Adressen der Selbsthilfegruppen in ihrer Nähe können Sie beim Verein WUNSCHKIND e. V. erfragen. Dort können Sie auch Unterlagen für die Gründung einer eigenen Gruppe erhalten.

Folgende Gruppenregeln gelten als sinnvoll (aus: Thorn 1996):

- Alle Gruppenmitglieder sind gleichgestellt. Es gibt keinen Gruppenleiter, der über die Themen oder die Arbeitsweisen bestimmt.
- Jeder bestimmt über sich selbst. Keiner kann dazu gezwungen werden, mehr von sich preiszugeben, als er zum momentanen Zeitpunkt möchte.
- Die Gruppe entscheidet selbstverantwortlich. Es gibt keine außenstehende Person, die für die Gruppe und das Geschehen in der Gruppe verantwortlich ist.
- Jeder geht in die Gruppe wegen eigener Schwierigkeiten. Oft besucht nur ein Partner die Selbsthilfegruppe, dieser muss nicht derjenige mit der medizinischen Diagnose sein, aber er muss wegen eigener Schwierigkeiten, z. B. mit dem Partner, in die Gruppe gehen.
- Was in der Gruppe besprochen wird, bleibt in der Gruppe. Alles, was in der Selbsthilfegruppe über sich selbst und andere gesagt wird, fällt unter die Schweigepflicht.
- Die regelmäßige Teilnahme ist verbindlich. Gerade ungewollte Kinderlosigkeit ist ein heikles Thema. Es ist wichtig, dass sich alle Gruppenteilnehmer darauf verlassen können, dass beim nächsten Treffen die gleichen Personen anwesend sind, damit eine Vertrauensbasis geschaffen werden kann.
- Die Teilnahme an der Gruppe ist kostenlos. Ein großer Vorteil von Selbsthilfegruppen ist der Kostenaspekt. Jeder kann sich die Teilnahme an einer Selbsthilfegruppe leisten. Es entstehen nur manchmal minimale Raumkosten, die sich die Teilnehmer teilen.

Angeleitete Gesprächsgruppen

Gesprächsgruppen für betroffene Frauen oder Paare unter fachlicher Leitung erfahren zunehmende Beliebtheit. Hier wird der Gruppenprozess durch thematische Vorgaben strukturiert. Die Angebote sind zeitlich z. B. auf ein Wochenende oder festgelegte Termine begrenzt und widmen sich schwerpunktmäßig einzelnen Themenbereichen. Im Rahmen von Kleingruppenarbeit und Rollenspielen können schwierige Situationen besprochen und individuelle Lösungswege erarbeitet werden. Meist besteht auch die Möglichkeit Entspannungsmethoden (s. u.) kennen zu lernen. Achten Sie auf die Ausbildung und die berufliche Erfahrung der Gruppenanbieter. Angebote erhalten Sie über WUNSCHKIND e. V. oder BKiD (siehe Adressliste im Anhang).

Entspannungstherapien

Stress kann die Fertilität sowohl auf direktem wie auf indirektem Weg beeinflussen. Schmerzhafte und langwierige diagnostische Maßnahmen, seelische und körperliche Nebenwirkungen von medizinischen Therapien können stressauslösend oder -verstärkend wirken und somit eventuell die Ovulation, die Spermienproduktion oder auch die Embryoimplantation beeinträchtigen. Mit der Behandlungsdauer nimmt erfahrungsgemäß der Stress meist noch zu. Stress am Arbeitsplatz oder ständige berufliche Überforderung kann bei beiden Geschlechtern die Fruchtbarkeit einschränken und zwar direkt über entsprechende hormonelle Störungen wie indirekt über eine Abnahme der sexuellen Lust.
Entspannungsübungen sind eine gute Möglichkeit selbst etwas für Ihre Fruchtbarkeit aber auch für Ihr allgemeines seelisches und körperliches Wohlbefinden zu tun. Wichtig ist dabei, dass Sie eine Form der Entspannung auswählen, die Ihnen entspricht. Autoge-

nes Training und Progressive Muskelrelaxation sind die Verfahren, die im Rahmen der psychosomatischen Grundversorgung häufig angewendet werden. Entsprechend sind deren positive körperliche Effekte wissenschaftlich am besten nachgewiesen. (Luna) Joga, Tai Chi, Chi Gong, Visualisierungsübungen und viele andere Verfahren, die Sie über ihre lokale Volkshochschule oder andere Einrichtungen bzw. private Anbieter kennen lernen können, sind auch bewährt, um Ruhe und Entspannung zu finden. Andere Paare bevorzugen aktivere Formen der Entspannung, wie ausgedehnte Waldspaziergänge, Radfahren oder Schwimmen.
Wichtig ist, dass Sie sich in Ihren Tages- und Wochenablauf bewusst »Zeitinseln« einbauen, die Ihrer seelischen und körperlichen Regeneration dienen. Zur Entspannung kann natürlich auch eine bewusst gewählte Behandlungspause dienen.

Worauf Sie bei der Auswahl der Berater achten sollten

Psychosoziale Beratung wird von unterschiedlichen Berufsgruppen mit unterschiedlichen therapeutischen Zusatzausbildungen durchgeführt. Hat Ihnen eine Beratung nichts gebracht, kann dies verschiedene Gründe haben:

1. Sie brauchen zur Zeit keine und kommen mit Ihren Problemen alleine zurecht.
2. Es war die falsche Person. Oder
3. Es war der falsche therapeutische Ansatz für Sie!

Ein Qualitätskriterium ist die Krankenkassenzulassung, die eine umfangreiche psychotherapeutische Weiterbildung voraussetzt. Über Ihre Krankenkasse erhalten Sie eine Liste der von ihr bezahlten Psychotherapeuten. Darüber hinaus gibt es jedoch auch eine Vielzahl von qualifizierten Beraterinnen und Beratern, die keine Kassenzulassung besitzen und die Sie deshalb selbst bezah-

len müssen. Informieren Sie sich bei den unten angegebenen Stellen.
Ein wesentlicher Ratschlag für die Suche vor allem eines Psychotherapeuten für eine längerfristige Beratung oder Psychotherapie ist, dass Sie darauf achten sollten, das Gefühl zu haben, einer Person gegenüber zu sitzen, der Sie vertrauen können.
Darüber hinaus sollte im Gespräch deutlich werden, dass die Beratung allparteilich durchgeführt wird, d. h. jede Meinung sollte gleichberechtigt behandelt werden. Die Beratungsgespräche sollten ergebnisoffen bezüglich der medizinischen Therapie geführt werden: Das heißt, die Beratung sollte Sie weder in eine fortpflanzungsmedizinische Behandlung drängen noch Ihnen diese ausreden wollen! Sie sollte kein spezifisches Vorgehen bevorzugen, das heißt nur fortpflanzungsmedizinische, nur naturheilkundliche, nur psychotherapeutische Verfahren empfehlen bzw. das völlige Verzichten auf jegliche Form der Therapie. Sie sollte Ihre persönliche Entscheidungsfähigkeit stärken und Ihnen Selbstbewusstsein vermitteln, so dass Sie in der Lage sind, Ihre Entscheidungen auch durchzusetzen. Diese Punkte sollten Sie zu Beginn mit dem Therapeuten bzw. der Therapeutin klären. Eine Beratung, die Ihnen die Lösung der »psychischen Blockade« nach 50 (womöglich selbstbezahlten) Sitzungen verspricht, ist sicherlich unseriös, wie auch die, die von jeglicher reproduktionsmedizinischer Behandlung als unnatürlich abraten will.

Welche Voraussetzungen sind von Ihrer Seite aus nötig?

1. Es sollte Ihr eigener Wunsch sein, eine psychologische Beratung aufzusuchen. Wenn Ihr behandelnder Arzt Ihnen ohne weitere Erklärungen eine Überweisung gibt oder Angehörige oder Freunde Sie zu einer psychologischen Beratung drängen, sollten Sie genau prüfen, ob Sie es wirklich selbst wollen und es zum jetzigen Zeit-

punkt für sinnvoll erachten. Fühlen Sie sich bevormundet oder bestraft, ist dies keine gute Grundlage für ein vertrauensvolles Gespräch. Ihre Offenheit ist für eine angemessene Hilfe die wichtigste Voraussetzung.

2. Wichtig ist Ihre persönliche Bereitschaft, selbst etwas verändern zu wollen. Psychologische Berater können Ihnen nur eine Hilfestellung geben, Ihren eigenen Weg aus der Krise zu finden bzw. Ihren eigenen Umgang mit den vielen medizinischen Behandlungsangeboten und ihren Alternativen zu finden. Sie müssen deshalb vielleicht auch bereit sein, Ihre bisherigen Vorstellungen über sich, Ihren Partner und Ihr soziales Umfeld, Ihre Vergangenheit und Ihre Zukunft einer kritischen Überprüfung zu unterziehen und eventuell in Frage zu stellen. Nur so können Sie neue bisher nicht zur Verfügung stehende Kompetenzen entwickeln, um andere Umgangsweisen mit dem unerfüllten Kinderwunsch zu wählen.

Psychotherapie: Paar- und Einzeltherapie

Das Erleben eines unerfüllten Kinderwunsches bedeutet für viele Paare eine existenzielle Lebenskrise, die sie stark herausfordert und sie an die Grenzen ihrer Belastbarkeit bringt. Bisher haben wir meist von psychologischer Beratung gesprochen, weil wir damit ausdrücken wollen, dass wir in den meisten Fällen eine längerfristige psychotherapeutische Behandlung nicht für notwendig erachten. Meist reichen wenige Beratungsgespräche, um den Betroffenen wieder Zugang zu ihren eigenen Bewältigungsmöglichkeiten zu eröffnen.

Leiden Sie jedoch unter seelischen Problemen oder partnerschaftlichen Konflikten, die auch unabhängig vom Kinderwunsch vorhanden sind, kann diese Krisenzeit bestehende, bisher leidlich bewältigte Lebensprobleme aktivieren und intensivieren. Dies drückt sich dann meistens in schwerwiegenden und anhaltenden Stim-

mungstiefs oder Ängsten aus. In diesem Fall ist eine längerfristige Paar- oder Einzeltherapie zu empfehlen.
Aber auch bei sexuellen Störungen, die häufig schon vor dem Wunsch nach einer Schwangerschaft vorliegen, ist eine Einzel- oder Paartherapie notwendig. Eine Paartherapie sollte einer Einzeltherapie vorgezogen werden, weil es um die Verbesserung der partnerschaftlichen Sexualität geht. An diesem Geschehen und seiner Veränderung sind immer beide Partner beteiligt, auch wenn scheinbar nur einer so genannter Symptomträger ist.

Welche Kosten entstehen für eine psychosoziale Beratung?

Hier kommt es darauf an, an wen Sie sich wenden. Beratungsstellen von öffentlichen Trägern wie ProFamilia, Caritas oder Diakonie erheben meist nur eine geringe Kostenbeteiligung, wenn die Beratung nicht sogar ganz umsonst ist.
Wenden Sie sich an niedergelassene Psychotherapeuten, weil Sie z. B. an einer schweren depressiven Verstimmung leiden, kommt es darauf an, ob eine Kassenzulassung vorliegt oder nicht. Sie können einen kassenzugelassenen Ärztlichen oder Psychologischen Psychotherapeuten ohne Überweisung direkt aufsuchen, d. h. ohne vorher einen Arzt konsultieren zu müssen. Gesetzliche Krankenkassen übernehmen die Kosten für Psychotherapie ausschließlich bei einer psychischen Störung mit »Krankheitswert«; Lebens-, Partnerschafts- oder Erziehungsberatung zählen nicht zu den Kassenleistungen. Auch Sexualberatung wird grundsätzlich von den gesetzlichen Krankenkassen nicht übernommen.
Selbsthilfegruppen sind kostenlos. Für angeleitete Gesprächsgruppen wird eine Teilnahmegebühr je nach Dauer, Ort und Anzahl der Teilnehmer erhoben.

Literaturempfehlungen

Das Buch, in dem das Heidelberger Beratungskonzept ausführlich beschrieben wird, wurde von Heike Stammer und Tewes Wischmann geschrieben: *Paarberatung und Paartherapie bei unerfülltem Kinderwunsch* (Hogrefe 2003). Dieser Band richtet sich zwar in erster Linie an Professionelle, also Ärzte und psychosoziale Berater bei ungewollter Kinderlosigkeit, Sie können als Betroffene und Angehörige aber auch fündig werden, da die Beratungsinhalte mit den konkreten Fragen Ihnen auch Anregungen geben können. In der Zeitschrift »Reproduktionsmedizin« sind von Bernhard Strauß und weiteren Autoren die Leitlinien Psychosomatik in der Reproduktionsmedizin veröffentlicht worden (Strauß et al. 2000: *Psychosomatik in der Reproduktionsmedizin. Leitlinien.* Reproduktionsmedizin, Heft 5, S. 326-331). In diesen Leitlinien wird beschrieben, welche Arten von psychologischer Diagnostik, Beratung und Therapie vom wissenschaftlichen Standpunkt her gesehen für notwendig und welche für überflüssig angesehen werden. Zwei hervorragende **englischsprachige** Publikationen möchten wir Ihnen noch empfehlen. *Resolving Infertility* herausgegeben von RESOLVE (Harper Collins Publishers 1999) und *Experiencing Infertility, An Essential Resource* von Debby Peoples und Harriette R. Ferguson (Norton & Co. 1998). Sofern Sie der englischen Sprache mächtig sind, lohnt es sich auf alle Fälle, in diese Ratgeber hineinzuschauen, da in beiden Büchern jahrzehntelange Erfahrungen mit psychologischen Aspekten ungewollter Kinderlosigkeit gesammelt sind.

Ein Buch, das sich mit Selbstheilungskräften bei gynäkologischen Erkrankungen beschäftigt, stammt von Angelika Koppe: *Wo die Piranhas mit den Zähnen klappern – Die Kraft innerer Bilder in Selbstheilungsprozessen* (Goldmann 2000). Die Autorin will eine neue Sichtweise von Körper und (Frauen-)Erkrankungen vorstellen und gibt Anleitungen zur Visualisierungsarbeit für den Dialog mit dem eigenen Körper.

Als Ratgeber beim Vorliegen von Depressionen hat sich das Buch von Manfred Wolfersdorf bewährt: *Depression. Verstehen und bewältigen* (Springer 1995).

Internet-Tipps

Inzwischen gibt es etliche Internet-Foren zu ungewollter Kinderlosigkeit, in denen sich Betroffene austauschen. In einigen Foren können Sie auch an Experten (meistens Reproduktionsmediziner) medizinische Fragen stellen. Die seelischen Aspekte ungewollter Kinderlosigkeit werden in den Foren allerdings häufig nur am Rande angesprochen. Eine Auswahl der Foren stellen wir Ihnen hier vor (alphabetisch geordnet): **www.babyhilfe.de, www.eltern.de, www.fertinet.de, www.gyn.de, www.kidnet.de, www.medizin-forum.de, www.rund-ums-baby.de, www.schmetterlingskinder.de, www.wunsch-baby.de, www.wunschkinder.de.**

Meistens werden diese Foren von betroffenen Frauen besucht (gelegentlich auch von Männern), die den Austausch mit anderen Betroffenen in der Regel als erleichternd empfinden. Allerdings kommt es hier im »virtuellen« Leben – wie im »richtigen« Leben – auch zu Neidgefühlen und Verletztheiten, wenn freudestrahlend von positiven Schwangerschaftstests berichtet wird. Wenn die Foren nicht durch ein Passwort geschützt sind, laden sie leider immer mal dazu ein, in der Anonymität des erfundenen Benutzernamens unsägliche Vorurteile über ungewollt Kinderlose loszuwerden – sehr zum Leidwesen derjenigen, welche im Forum Austausch mit anderen Betroffenen suchen.

Im Beratungsnetzwerk Kinderwunsch Deutschland (**www.bkid.de**) sind psychosoziale Berater und Beraterinnen organisiert, welche langjährige Erfahrung in der Beratung bei unerfülltem Kinderwunsch haben. Die BKiD-BeraterInnenliste umfasst über 80 Anlaufstellen in ganz Deutschland.

Der deutsche Dachverband der Selbsthilfegruppen für ungewollt Kinderlose WUNSCHKIND e. V. ist im Internet unter der Adresse

www.wunschkind.de zu erreichen. Es sind allerdings nicht alle Selbsthilfegruppen in diesem Dachverband organisiert. Sie sollten also zusätzlich nach Kontaktadressen von Gruppen in der Nähe Ihres Wohnortes auf den Kinderwunsch-Seiten von **www.wunschkinder.de** oder **www.fertinet.de** suchen. In der Schweiz werden sie unter **www.kinderwunsch.ch** fündig.
Wenn Sie auf der Suche nach einem/er Psychotherapeuten/in in Deutschland sind, können Sie bei **www.psychotherapiesuche.de** fündig werden, einer vom Berufsverband Deutscher Psychologinnen und Psychologen eingerichteten Internet-Seite. Weitere Adressenabfragen sind über **www.psychotherapeutenliste.de, www.arztpartner.de, www.daevt.de, www.dpvt.de, www.bvvp.de, www.vereinigung.de** und **www.dgpt.de** möglich. Allgemeine Informationen über Psychologie erhalten Sie unter **www.psychologie.de** und **www.psychotherapie.org.** In Österreich können Sie über **www.psychotherapie.at** fündig werden, in der Schweiz entsprechend unter **www.psychotherapie.ch.**

7 *Besondere Ausgangsbedingungen des Kinderwunsches*

In den bisherigen Abschnitten haben wir die häufigste Situation ungewollt kinderloser Paare behandelt: Eine Frau und ein Mann wünschen sich gemeinsam ein erstes Kind und müssen sich dann damit auseinandersetzen, dass eine Schwangerschaft ausbleibt. In diesem Abschnitt werden wir auf eher ungewöhnliche Ausgangsbedingungen und deren besondere psychologische Aspekte eingehen.

Paare, die bereits ein Kind haben

Paare, die bereits ein Kind haben – aus der jetzigen oder aus einer vorangegangenen Partnerschaft – haben es aus unterschiedlichen Gründen oft schwerer als Paare, die auf ihr erstes Kind warten. Nicht selten erleben sie es, dass Verwandte oder Freunde, aber auch die behandelnden Ärzte sie bei fehlgeschlagenen fortpflanzungsmedizinischen Behandlungen mit dem Satz trösten wollen: »Seid doch froh, Ihr habt doch wenigstens ein Kind!«. Vielen Paaren hilft diese Bemerkung nicht, da der jetzige unerfüllte Kinderwunsch sich in der Regel genauso anfühlt als wenn sich noch gar kein Kind eingestellt hätte, und von ähnlichen Gefühlen des Schocks und des Ver-

sagens begleitet wird. Womöglich bekommen diese Paare noch mehr als andere Kinderwunsch-Paare den Eindruck vermittelt, sie sollten sich nicht so »anstellen« und egoistisch das zweite Kind »erzwingen« wollen. Zu Beginn einer fortpflanzungsmedizinischen Behandlung kann die seelische Belastung für solche Paare daher ähnlich hoch sein wie für Paare, die auf ihr erstes Kind warten müssen. Der Eindruck, mit diesem Problem völlig allein zu stehen, kann bestimmend sein. Umso wichtiger ist es, dass Sie die vorhandenen Hilfsangebote nutzen und sich aktiv mit anderen über Ihre besondere Situation auseinander setzen. Nicht selten gibt es Verwandte, die sich auch ein weiteres Kind gewünscht hatten, und die Sie in Ihrem Bemühen verstehen können. Im weiteren Verlauf der medizinischen Kinderwunschbehandlung haben es Paare, die bereits Eltern sind, erfahrungsgemäß leichter, da sie sich schneller von der Fortpflanzungsmedizin distanzieren können und die Behandlung nicht über Jahre »durchziehen«, da sie dem vorhandenen Kind die starke emotionale Belastung der Eltern ersparen wollen.
Schwierig kann es sein, wenn ein Kind einer vorangegangenen Partnerschaft entstammt und somit einer der Partner bereits Mutter bzw. Vater geworden ist. Dadurch kann sich der andere Partner vermehrt unter Druck gesetzt sehen, endlich auch diese »Leistung« erbringen zu müssen wie der vorherige Partner. Eifersuchts- und Neidgefühle gegenüber dem fruchtbaren »Vorgänger«, aber auch eigene Versagensgefühle sind in so einer Situation verständlich. Sie sollten sich diese zugestehen und offen darüber miteinander sprechen. Häufig wird es auch so sein, dass beide Partner aufgrund der unterschiedlichen Vorerfahrungen verschiedene Haltungen zum Kinderwunsch und zur medizinischen Behandlung haben: Der Partner mit Kind spricht sich vielleicht gegen eine intensive Kinderwunschbehandlung aus, weil er die Einschränkungen durch ein Kind erlebt hat, und womöglich die vorangegangene Partnerschaft diese Erfahrungen nicht tragen konnte und deswegen endete. Der andere Partner empfindet diese Haltung dann womöglich als Abwertung seines Kinderwunsches, der auch vom gemeinsamen Kind als sichtbares Zeichen der neuen Partnerschaft getragen wird. Hinter dem drängenden Kinderwunsch kann nicht mehr gesehen werden, dass Part-

nerschaften durch ein Kind im Allgemeinen nicht gefestigt werden, sondern häufig – zumindest zeitweise – labilisiert werden und sich neu definieren müssen. Aus diesem Grund sollten Sie sich überlegen, ob Sie die neue Partnerschaft nicht erst einige Zeit »reifen« lassen sollten, bevor Sie sich auf das gemeinsame Abenteuer einer fortpflanzungsmedizinischen Behandlung einlassen wollen. Dagegen spricht allerdings, dass die biologische Uhr der Frau zu diesem Zeitpunkt meistens bereits deutlich »tickt«. Was spricht aber dagegen, dass Sie beide Ihre neue Beziehung als gemeinsames »Kind« ansehen, dem Sie – nach den vorherigen Enttäuschungen – besondere Aufmerksamkeit und Pflege widmen wollen?

Paare aus anderen Kulturen

In nicht-westlichen Kulturen hat der Kinderwunsch oft noch eine andere Bedeutung als in westlichen: Ziel der Ehe ist viel zwingender die Gründung einer eigenen Familie. Die Rollen von Frau und Mann sind den traditionellen Werten verpflichtet, eine Perspektive außerhalb der Mutterschaft steht der erwachsenen Frau meist nicht zur Verfügung. Eltern und Schwiegereltern erwarten wie selbstverständlich Enkelkinder bald nach der Hochzeit des Paares. Trifft ein Paar aus einer anderen Kultur die ungewollte Kinderlosigkeit, kann dieses dramatischere Folgen haben als bei westlichen Paaren. Das Thema wird meistens viel stärker tabuisiert. Die Verursachung wird unabhängig von der medizinischen Diagnose überwiegend bei der Frau gesehen, die sich deshalb auch bald in medizinische Behandlung begibt. Eine Grenze der medizinischen Behandlung kann kaum gesetzt werden, nicht selten werden vielerlei Wege eingeschlagen, den Kinderwunsch zu realisieren, einschließlich dem Aufsuchen von Ärzten und Heilern im Heimatland. Wenn es sich dann um ein Paar handelt, das zwischen den Kulturen steht, sei es, dass beide Partner einen unterschiedlichen kulturellen Lebenshintergrund haben, oder dass das Paar aus einem anderen Land eingewandert ist, verkompliziert sich die Situation noch. Bei schlechten Deutschkenntnissen ist eine psychologische Beratung meistens nur in der Landessprache des Paares sinnvoll. Für betroffene Paare empfiehlt sich der Rat, sich zum Umgang mit der ungewollten Kinderlosigkeit der besten Möglichkeiten aus beiden Kulturen zu bedienen. Dieses kann z. B. für die Kinderwunschbehandlung bedeuten, dass sowohl die westliche Fortpflanzungsmedizin in Anspruch genommen wird als auch naturheilkundliche, religiöse oder sonstige »heilende« Verfahren aus der Ursprungskultur des Paares. Für Angehörige kann es heißen, das Paar an die hilfreichen Rituale des Abschiednehmens heranzuführen, wie sie in der Kultur des Herkunftslandes praktiziert werden.

Paare mit einer chronischen Erkrankung

Wir sehen immer wieder Paare in der psychologischen Beratung, bei denen ein Partner chronisch schwer erkrankt ist, beispielsweise aufgrund einer Querschnittslähmung oder einer fortschreitenden Multiplen Sklerose. Diese Paare fragen sich zu recht, ob sie angesichts ihrer persönlichen schwierigen Situation die Strapazen einer fortpflanzungsmedizinischen Behandlung mit der eher geringen Aussicht auf Erfolg auf sich nehmen sollen, ob sie ihre Partnerschaft mit einem Kind eventuell überfordern würden bzw. ob es im Sinne des Kindeswohls wäre, mit einem schwerkranken und möglicherweise bald sterbenden Elternteil aufzuwachsen. Diese Vorstellungen gilt es, mit einer kompetenten Person verantwortungsbewusst durchzusprechen. Unsere Erfahrung ist allerdings, dass sich die meisten dieser Paare notgedrungen bereits sehr bewusst mit den Grenzen des Lebens und ihren eigenen Grenzen auseinandergesetzt haben. Sie haben häufig eine passende Einschätzung von den Stärken und Möglichkeiten, die ihre Partnerschaft bietet. Von daher spricht nichts dagegen, diese Paare eine fortpflanzungsmedizinische Behandlung beginnen zu lassen, der sie meist mit realistischen

Erwartungen gegenüberstehen. Wenn die Pflegebedürftigkeit des erkrankten Partners nicht überhand nimmt, bringen sie auch gute Voraussetzungen für die Kindererziehung mit, da sie gelernt haben, den Alltag auch unter erschwerten Umständen lebenswert zu gestalten. Im Einzelfall muss natürlich gefragt werden, ob der bald zu erwartende Tod des erkrankten Partners nicht eine unzumutbare seelische Belastung für das erhoffte Kind wäre. In solchen Fällen erscheint es sinnvoller, den Prozess des Abschiednehmens nicht nur zu einer gemeinsamen Aufgabe, sondern zu einem »Kind« zu machen, das die volle Aufmerksamkeit verdient, und das nicht durch den Kinderwunsch überlagert und verdrängt werden sollte. Bei einer erfolgreich behandelten Brustkrebserkrankung sollte mit dem Onkologen das persönliche Risiko eines Rezidivs durch eine Hormonbehandlung und durch eine Schwangerschaft geklärt werden.

Die Bedeutung der Behandlung mit Spendersamen

Die Befruchtung mit Spendersamen (heterologe Insemination) wird hier gesondert behandelt, weil mit ihr auch spezielle psychologische Aspekte einhergehen. Dieses Verfahren wird dann eingesetzt, wenn die Spermiogramme des Mannes so eingeschränkt sind, dass weder eine Befruchtung auf natürlichem Wege noch mithilfe einer IVF-Behandlung aussichtsreich erscheint. Die Fremdsamenbefruchtung ist in ihrer Bedeutung in Deutschland in den Hintergrund gerückt, da die ICSI-Behandlung von den Krankenkassen noch übernommen wird. Mit dieser Technik kann potenziell auch Männern zu einem leiblichen Kind verholfen werden, bei denen nur einige wenige vitale Spermien im Hoden oder im Nebenhoden aufzufinden sind. Da die ICSI-Behandlung teuer und nur wenig erfolgreicher ist als eine herkömmliche IVF-Behandlung kommt auf Paare in der Schweiz (und teilweise in Österreich) eine sehr hohe finanzielle Belastung zu, die sich nur überdurchschnittlich gut Verdienende leisten können. Ab 2004 wird dieses eventuell auch in Deutschland der Fall sein.

Aus psychologischer Sicht ist der Umstand, dass das gewünschte Kind von beiden Partnern biologisch abstammen sollte, wichtig. Unsere Untersuchung an ca. 1000 Paaren zu Beginn einer fortpflanzungsmedizinischen Behandlung zeigt die besondere Wertigkeit dieses medizinischen Verfahrens: Während sich 80 % der Paare eine Übertragung mit dem Samen des Partners (homologe Insemination) für sich als Behandlungsmöglichkeit vorstellen konnten (unabhängig von der medizinischen Diagnose), waren es bezüglich der heterologen Insemination nur 7 %. Dieser geringen Akzeptanzrate liegen neben den psychologischen auch juristische und ethische Bedenken zugrunde: In Deutschland, Österreich und der Schweiz hat das heterolog gezeugte Kind ab einem bestimmten Alter das Recht, seine biologische Herkunft zu erfahren (siehe Tabelle 1, S. 137). Da allerdings Krankenakten im Allgemeinen nicht länger als zehn Jahre aufbewahrt werden müssen, ist dieses Recht oft nicht durchsetzbar. Die juristische Komplikation, dass der soziale Vater die Vaterschaft zu einem späteren Zeitpunkt erfolgreich anfechten kann, hat dazu geführt, dass die Fremdsamenbefruchtung nur noch in einigen Arztpraxen durchgeführt wird. Die rechtliche Situation dieses Verfahrens verunsichert viele Paare und bedarf dringend einer eindeutigen Klärung. Wenn sich ein Paar zur heterologen Insemination entschließt, sollte es über die besonderen psychologischen und juristischen Aspekte dieses Verfahrens ausführlich aufgeklärt worden sein und sich für die Entscheidungsfindung genügend Zeit nehmen. Es ist sicherlich sinnvoll, sich in Vorbereitungsseminaren, die speziell zur Fremdsamenbefruchtung angeboten werden, über das ärztliche Aufklärungsgespräch hinaus umfassend zu informieren. Untersuchungen über die familiäre Entwicklung nach heterologer Insemination kommen überwiegend zum Ergebnis, dass es keine großen psychologischen Auffälligkeiten gibt. Ähnlich wie in Adoptivfamilien gibt es allerdings auch ungünstige Verläufe, die oft auf das »Familiengeheimnis« zurückzuführen sind. Bei der Fremdsamenbefruchtung hat es sich wie bei der Adoption im Allgemeinen bewährt, das Kind noch vor der Pubertät über seine biologische Herkunft aufzuklären, da Kinder ein feines Gespür für Themen entwickeln, die nicht angesprochen werden. Die englische Forscherin Susan Golombok empfiehlt eine möglichst frühe Aufklärung im Kindesalter von 3 oder 4 Jahren. Manchmal beschäftigt die Paare die Frage, was aus psychologischer Sicht für das Kind der bessere Weg zur Familiengründung ist: Adoption oder der Weg der heterologen Insemination? Auch wenn diese Fragen immer im individuellen Fall zu klären sind, z. B. was welche Entscheidung für die jeweiligen Partner und ihr Verhältnis zum Kind bedeutet, so scheint es uns doch wichtig, zu beachten, dass es für die langfristige Entwicklung des Kindes förderlich ist, dass es von Anfang an gewollt war. Traumatisierend bleibt für einige Adoptivkinder die Tatsache, dass sie von ihren leiblichen Eltern abgelehnt wurden.

Alleinstehende Frauen sowie gleichgeschlechtliche Paare mit Kinderwunsch

Da alleinstehende Frauen in Deutschland, Österreich und der Schweiz zur Erfüllung ihres Kinderwunsches keine ärztliche Hilfe in Anspruch nehmen dürfen, wählen manche Frauen den – im Zeitalter von AIDS riskanten – Weg des »one-night-stands« zum richtigen Zeitpunkt. Auf die z. B. im Internet angebotene Möglichkeit der »Samenspende auf natürlichem Wege«, die von manchen Männern unter altruistischem Deckmäntelchen zur Befriedigung ihrer sexuellen und narzisstischen Fantasien angeboten werden, möchten wir hier nicht weiter eingehen. Natürlich wird hier sofort die Frage aufgeworfen, ob das geplante Kind nicht noch mehr als beim »normalen« Kinderwunschpaar überwiegend der Erfüllung egoistischer Bedürfnisse dienen soll und nicht mehr »um seiner selbst Willen« gewünscht wird. In den Kinderwunsch fließen allerdings immer selbstbezogene Wünsche mit ein, auch beim Paar, welches nach Absetzen der Verhütung problemlos schwanger wird. Für das Wohlergehen des Kindes ist es wichtig, sich auch die selbstbezogenen Aspekte des eigenen Kinderwunsches zugestehen zu können und diese nicht zu verleugnen. Wenn ein Kind sich mit den egoistischen Seiten der Eltern in der Erziehung offen konfrontieren kann, hat es bessere Chancen, sich zu einer eigenständigen und starken Persönlichkeit zu entwickeln als wenn es einer diffusen »Wir tun doch alles nur für dich«-Haltung ausgesetzt ist. Dass das klassische Modell der »Vater-Mutter-Kind«-Familie die besten Entwicklungsmöglichkeiten für ein Kind bietet, entspringt einem romantisierenden Ideal. Es ist für das Kind sicherlich sehr wichtig, beziehungsfähige, zuverlässige und frustrationstolerante Elternteile als Vorbild zu haben. Aber diese Voraussetzungen mit dem klassischen Familienmodell gleichzusetzen, spricht den gesellschaftlichen Verhältnissen Hohn: Die hohe Zahl an Kindesmisshandlungen und familiären sexuellen Übergriffen zeigt, dass die Vorstellung einer an sich förderlichen Familienstruktur die Wirklichkeit ausblendet. Zudem sind inzwischen ein Drittel aller Mütter in Deutschland alleinerziehend, nicht zu sprechen von der zunehmenden Zahl der »patchwork«-Familien. Von daher ist die Frage überhaupt nicht abwegig, ob nicht andere stabile Lebensgemeinschaften außerhalb der »klassischen« Familie gute Voraussetzungen im Sinne des Kindeswohles bieten können.

Wer eine künstliche Befruchtung vornimmt, ohne Arzt zu sein, wird in Deutschland mit Freiheitsstrafe bis zu einem Jahr oder Geldstrafe bestraft. Nicht belangt hingegen werden Frauen, die eine künstliche Insemination bei sich vornehmen, und Männer, deren Samen verwendet werden (heterologe Insemination). Lesbische Frauen mit Kinderwunsch haben also die Möglichkeit, über eine Insemination bei einer Partnerin zu einem Kind zu kommen, welches mit einem Elternteil biologisch verwandt ist. Die Befruchtung mittels Geschlechtsverkehr mit einem (homosexuellen) Mann wird von lesbischen Frauen mit Kinderwunsch aus nachvollziehbaren Gründen nur selten in Erwägung gezogen. Die Selbstinsemination kann mit dem Samen eines Mannes aus dem Freundeskreis des Paares erfolgen oder über eine Samenspende von Praxen und Kliniken, die eine Fremdsamenbefruchtung anbieten.

Alle bisher vorliegenden empirischen Untersuchungen kommen zu dem Ergebnis, dass Kinder, die in einer gleichgeschlechtlichen Lebensgemeinschaft aufwachsen, sich in Bezug auf ihre sexuelle Orientierung nicht anders entwickeln als Kinder mit heterosexuellen Eltern. Es gibt auch keine Hinweise dafür, dass sich das Erziehungsverhalten homosexueller Mütter oder Väter von dem Erziehungsverhalten heterosexueller Eltern wesentlich unterscheidet und dass ein homosexuelles Elternpaar die Ursache von Störungen in der kindlichen Entwicklung ist. Kinder aus gleichgeschlechtlichen Lebensgemeinschaften sind zwar sozialen Vorurteilen ausgesetzt, aber diese Kinder verstehen es häufig, Bewältigungsstrategien dagegen zu entwickeln, und sie lernen, mit einem solchen Problem umzugehen.

Den Veränderungen der sozialen Strukturen soll in Deutschland das »Lebenspartnerschaftsgesetz« Rechnung tragen, in dem auch nichteheliche Lebensgemeinschaften sowohl hetero- als auch homosexueller Paare rechtlich besser abgesichert werden. Eine völlige Gleichstellung gegenüber der konventionellen Ehe mit Kindern wird allerdings nicht erreicht. Es soll der Lebenspartner eines allein sorgeberechtigten Elternteils im Einvernehmen mit dem Elternteil die Befugnis zur Mitentscheidung in Angelegenheiten des täglichen Lebens des Kindes erhalten (»kleines Sorgerecht«). In einer Lebenspartnerschaft wird regelmäßig auch der Lebenspartner, der nicht Elternteil des Kindes ist, Aufgaben der Pflege und Erziehung des Kindes übernehmen. Dieser Umstand soll durch die Beteiligung des Lebenspartners an der elterlichen Sorge rechtlich anerkannt und abgesichert werden. Dem Lebenspartner soll eine Mitentscheidungsbefugnis in »Angelegenheiten des täglichen Lebens« des Kindes eingeräumt werden. Angelegenheiten des täglichen Lebens sind in der Regel solche, die häufig vorkommen und die keine schwer abzuändernden Auswirkungen auf die Entwicklung des Kindes haben.

Fortpflanzungsmedizinische Behandlungsmöglichkeiten in Europa

Einige Paare suchen zur Erfüllung ihres Kinderwunsches fortpflanzungsmedizinische Zentren außerhalb Deutschlands auf. Das hat mehrere Gründe: Aufgrund des Embryonenschutzgesetzes von 1990 ist in Deutschland bei der IVF/ICSI-Behandlung die Selektion von Embryonen unzulässig. Nur maximal drei Eizellen im Vorkernstadium dürfen sich zu Embryonen entwickeln und müssen dann übertragen werden. Es entwickeln sich allerdings nur ca. 40 % aller befruchteten Eizellen zum Keimbläschen im Stadium der Einnistung (Blastozysten). Lässt man die Embryonen deshalb fünf bis sechs Tage heranreifen und überträgt die am Besten entwickelten Keimbläschen, lassen sich Schwangerschaftsraten von über 50 % pro Transfer erreichen, auch wenn nur zwei Embryonen übertragen werden. In vielen west- und osteuropäischen Ländern wird dieses Verfahren inzwischen routinemäßig praktiziert. Die stark erhöhte Schwangerschaftschance ist ein Grund, weshalb sich einige Paare einer Kinderwunschbehandlung außerhalb Deutschlands unterziehen. Weitere Verfahren, die in Deutschland nicht praktiziert werden dürfen, sind unter anderem die Pränataldiagnostik und die Eizellspende. Eine Übersicht, welche fortpflanzungsmedizinischen Verfahren unter welchen Bedingungen in den angrenzenden europäischen Ländern praktiziert werden, zeigt Tabelle 1 (S. 140).

Literaturempfehlungen

Für lesbische und schwule Paare: *Kinder? Na klar. Ein Ratgeber für Lesben und Schwule* von Angelika Thiel, Campus Verlag, 1996. Die Autorin zeigt, welche Wege es gibt, um den homosexuellen und lesbischen Paaren den Kinderwunsch zu erfüllen. Ihre Tipps und Ratschläge richten sich aber auch an gleichgeschlechtliche Paare, die bereits mitten in der Kindererziehung stecken.

Ein schönes Aufklärungsbuch für Kinder nach assistierter Reproduktion ist *Konstantin und das Invitro* von Lia Singh (ISBN: 2-606-00843-X). Einen aktuellen Überblick über die »Patchwork«-Familie bieten Matthias Ochs und Rainer Orban: »*Was heißt schon Idealfamilie?*« (Eichborn 2002). Ihren Weg zu einem Kind durch heterologe Insemination und einem Adoptivkind beschreibt Tanja Fredersdorff: »*Johanna und Olivia*« (H. Becker Verlag 2003).

Internet-Tipps

Das in Deutschland gültige *Embryonenschutzgesetz* finden Sie auf den Seiten des Bundesministeriums für Gesundheit unter **www.bmgesundheit.de.** Das *Bundesgesetz über die medizinisch unterstützte Fortpflanzung* regelt die Kinderwunschbehandlung in der Schweiz und ist unter **www.kinderwunsch.ch** einzusehen. Das *Fortpflanzungsmedizingesetz* Österreichs finden Sie unter **www.parlament.gv.at.**
Die sehr informativen, offen und vorurteilsfrei geschriebenen Seiten von Steffi Mann für Lesben mit Kinderwunsch finden Sie unter **http://users.yoobay.com/kinderwunsch/.** Die Bundesarbeitsgemeinschaft LesBiSchwule Eltern & PartnerInnen e. V. »Love makes a family« finden Sie unter **http://members.aol.com/lomafam/.** »Queer and Kids« ist eine Vermittlungsagentur für Lesben und Schwule mit Kinderwunsch. Die Arbeit der Agentur mit Sitz in Berlin befasst sich mit den Bereichen Vermittlung und Beratung (**www.queerandkids.de**). Über die Arbeitsweise einer US-amerikanischen Samenbank können Sie sich unter **www.hello-baby.com** informieren. Englischsprachige Informationen zur Eizellspende erhalten Sie unter **www.eggdonation.com.** Die Inanspruchnahme dieser Angebote ist in Deutschland rechtswidrig. Zudem ist es nicht gewährleistet, inwieweit bspw. die Spermienprobe auf genetische Fehlbildungen oder infektiöse Verunreinigungen (z. B. HIV) untersucht worden sind.

Hinweise zur Spendersamen-Behandlung gibt es unter **www.donogene-insemination.de**. Eine Broschüre *Familienbildung mit medizinischer Unterstützung* (z. B. donogene Insemination) mit Tipps zur Aufklärung des Kindes finden Sie unter **www.icsi.ws**.

Tabelle 1: Fortpflanzungsmedizinische Behandlungsmöglichkeiten in Europa

Land	Insemination	IVF mit Embryotransfer	Eizellspende, Embryospende	Kryokonservierung	Leihmutterschaft	Klonen
Belgien	– praktiziert – Ehe/feste Partnerschaft, auch anonymer Samenspender	– praktiziert – Präimplantationsdiagnostik praktiziert	– praktiziert	– praktiziert	– nicht verboten	– nicht verboten
Dänemark	– erlaubt – die künftigen sozialen Eltern müssen verheiratet sein oder in einem eheähnlichen Verhältnis leben – Insemination nur mit genetisch unveränderten Keimzellen – Geschlechtswahl nur zur Verhinderung von geschlechtsgebundenen Erbkrankheiten – die Frau darf max. 45 Jahre alt sein – der Samenspender bleibt gegenüber den sozialen Eltern und dem Kind anonym – Information und schriftliche Einwilligung des Paares und des Samenspenders nötig – keine Insemination mit Samen des verstorbenen Partners	– erlaubt – die künftigen sozialen Eltern müssen verheiratet sein oder in einem eheähnlichen Verhältnis leben – nur mit genetisch unveränderten Keimzellen – Geschlechtswahl nur zur Verhinderung von geschlechtsgebundenen Erbkrankheiten – die Frau darf max. 45 Jahre alt sein – auch mit Spendersamen möglich – Präimplantationsdiagnostik praktiziert	– erlaubt – die künftigen sozialen Eltern müssen verheiratet sein oder in einem eheähnlichen Verhältnis leben – nur mit genetisch unveränderten Keimzellen – Geschlechtswahl nur zur Verhinderung von geschlechts-gebundenen Erbkrankheiten – Eizellspende erlaubt, wenn Eizelle mit Samen vom Partner der austragenden Frau befruchtet wird – Gewinnung der Spende-Eizelle nur im Rahmen einer IVF-Behandlung – Eizellspenderin bleibt gegenüber den sozialen Eltern und dem Kind anonym – Spende befruchteter Eizellen verboten – die austragende Frau darf max. 45 Jahre alt sein	– erlaubt – Lagerung befruchteter und unbefruchteter Eizellen max. zwei Jahre, danach Vernichtung – vorzeitige Vernichtung befruchteter Eizellen und männl. Samenzellen bei Tod des Mannes oder der Frau sowie bei Trennung oder Scheidung, bei Tod der Frau (falls die Eizellen nicht zugunsten einer anderer Frau oder zu Forschungszwecken gespendet werden) – Konservierung von Samenzellen nur zur späteren Verwendung zur Fortpflanzung oder für eine Spende zu Forschungszwecken (kein Exportverbot)	– verboten	– verboten

Deutschland	– erlaubt – Anonymität des Samenspenders nach einigen Gerichtsurteilen unzulässig	– erlaubt – meist Einschränkung auf Ehepaare – Präimplantationsdiagnostik verboten – maximal 3 Embryonen – kein Blastozystentransfer	– verboten	– erlaubt	– verboten – zusätzlich Werbe- und Vermittlungsverbote	– verboten
Frankreich	– erlaubt – die künftigen sozialen Eltern müssen verheiratet sein oder mind. seit zwei Jahre zusammen leben – die künftigen sozialen Eltern müssen im fortpflanzungsfähigen Alter sein – anonyme Samenspende, wenn Befruchtung mit dem Samen des Partners scheitert – Spender muss mit seiner Partnerin bereits ein Kind haben – Samenzellen desselben Spenders nur zur Erzeugung von max. fünf Kindern – Entgeltverbot – Verwendung von frischem Sperma und von »Samenmix« ist verboten – keine Anwendung bei gleichgeschlechtl. Paaren – keine Insemination mit dem Samen des verstorbenen (Ehe)-Partners	– erlaubt – die künftigen sozialen Eltern müssen verheiratet sein oder mind. seit zwei Jahre zusammen leben – die künftigen sozialen Eltern müssen im fortpflanzungsfähigen Alter sein – auch mit Spendersamen möglich – Präimplantationsdiagnostik praktiziert	– erlaubt – die künftigen sozialen Eltern müssen verheiratet sein oder mind. seit zwei Jahre zusammen leben – die künftigen sozialen Eltern müssen im fortpflanzungsfähigen Alter sein – Eizellen derselben Spenderin nur zur Erzeugung von max. fünf Kindern – Untersuchung der Eizellen auf übertragbare Krankheiten – anonyme Eizellspende möglich, wenn Samen des Partners verwendet wird, d. h. keine Kombination v. Samen- u. Eispende erlaubt – *Embryospende* im Ausnahmefall (anonym, unentgeltlich), wenn Schwangerschaft nur mittels Keimzellenspende möglich wäre	– Konservierte Embryonen müssen nach fünf Jahren vernichtet werden, es sei denn, sie werden (ausnahmsweise) einem anderen Paar gespendet	– verboten – Verträge über Leihmutterschaft sind unzulässig	– verboten

Land	Insemination	IVF mit Embryotransfer	Eizellspende, Embryospende	Kryokonservierung	Leihmutterschaft	Klonen
Großbritannien	– erlaubt – bei alleinstehenden Frauen nicht explizit verboten (aber: Berücksichtigung des Kindeswohls einschließlich des Bedürfnisses nach einem Vater) – Insemination mit den Samen Verstorbener zulässig – max. zehn Kinder von einem Spender – Anonymität des Samenspenders, aber das Kind hat das Recht auf Auskunft über die Spenderdaten, wenn es 18 Jahre alt ist	– erlaubt – auch in Verbindung mit Samenspende – Transfer auch nach Tod des genetischen Vaters – Präimplantationsdiagnostik praktiziert	– Konservierung oder Verwendung von Embryonen nach Ausbildung des »primitive streak« (ca. 14. Tag der Embryonalentwicklung) verboten – Vernichtung: Ei- und Samenzellen in der Regel nach zehn Jahren, Embryonen nach fünf Jahren	– erlaubt – max. zehn Kinder von einer Spenderin – Spende von Eizellen und Embryonen erlaubt, unentgeltlich	– erlaubt – Leihmutterschaft zulässig – Entgeltverbot	– verboten ist, den Zellkern durch den Zellkern einer anderen Person/eines Embryos zu ersetzen
Niederlande	– keine anonyme Samenspende	– praktiziert – Präimplantationsdiagnostik praktiziert	– praktiziert – Eizellspende und Embryospende sind nicht verboten	– praktiziert – Konservierung von Ei- und Samenzellen wird praktiziert	– praktiziert – Leihmutterschaft nicht verboten	(verboten) – genereles Klonverbot geplant
Norwegen	– erlaubt – Anwendung nur bei Verheirateten oder bei festen Paaren in nichtehelicher Lebensgemeinschaft – anonyme Samenspende, keine Information des Spenders über die Identität des Paares oder des Kinds – Geschlechtswahl nur zur Verhinderung geschlechtsspezifischer Erbkrankheiten	– erlaubt – Anwendung nur bei Verheirateten oder bei festen Paaren in nichtehelicher Lebensgemeinschaft – Ausführung nur mit Samen und Eizellen des Paares – Präimplantationsdiagnostik praktiziert	– verboten – Eizellspende und Embryospende verboten	– erlaubt – Aufbewahrung befruchteter Eizellen max. drei Jahre	– verboten	– keine Angaben

Österreich	– erlaubt – nur für Verheiratete oder Paare, die in einem eheähnlichen Verhältnis leben – Samenspende für max. drei verschiedene Empfängerinnen; Bindung an eine bestimmte Krankenanstalt – keine Anonymität des Samenspenders gegenüber dem Kind (Auskunftsanspruch des Kindes nach vollendetem 14. Lebensjahr) – Entgelt- und Vermittlungsverbot bzgl. Samenspende	– erlaubt – nur für Verheiratete oder Paare, die in einem eheähnlichen Verhältnis leben – nur mit den Ei- und Samenzellen des Paares – keine Kassenleistung, IVF-Fond trägt 70 % der Kosten, 30 % Selbstbehalt	– verboten – Eizell- und Embryospende sind verboten	– erlaubt – Lagerung von Eizellen, Samenzellen und befruchteten Eizellen höchstens ein Jahr	– verboten	– verboten
Schweden	– erlaubt – die künftigen sozialen Eltern müssen verheiratet sein oder in einem eheähnlichen Verhältnis leben – Samenspende nicht anonym (Informationsrecht des Kindes bei entsprechender Reife) – Entgeltverbot bzgl. Samenzellen	– erlaubt – die künftigen sozialen Eltern müssen verheiratet sein oder in einem eheähnlichen Verhältnis leben – nur mit Eizellen der Frau und Sperma des Ehemannes/Lebensgefährten – nach Tod des Mannes verboten – Präimplantationsdiagnostik praktiziert	– verboten	– erlaubt – Aufbewahrung befruchteter Eizellen in der Regel max. ein Jahr	– verboten	– verboten

Land	Insemination	IVF mit Embryotransfer	Eizellspende, Embryospende	Kryokonservierung	Leihmutterschaft	Klonen
Schweiz	– erlaubt – Anwendung nur bei Verheirateten – Wunscheltern müssen voraussichtlich bis zur Mündigkeit des Kindes für dieses sorgen können – Samenspende unentgeltlich – Samenspender muss verheiratet sein, Bewilligung des Kantons erforderlich – max. acht Kinder von einem Spender, Samenspende nur für eine Einrichtung – Anonymitätsverbot bzgl. Samenspender (Auskunftsrecht des Kindes mit 18 Jahren auch gegen die Interessen des Spenders durchsetzbar) – keine Verwendung von Keimzellen Verstorbener	– erlaubt – Wunscheltern müssen voraussichtlich bis zur Mündigkeit des Kindes für dieses sorgen können – keine Verwendung von Keimzellen Verstorbener – Anwendung nur bei gemischtgeschlechtlichen Paaren – keine Kassenleistung – maximal 3 Embryonen – kein Blastozystentransfer	– verboten	– erlaubt – Konservierung von Keimzellen mit schriftlicher Einwilligung des/der Betroffenen grundsätzlich max. fünf Jahre	– verboten	– verboten – Bildung von Klonen sowie deren Übertragung auf eine Frau strafbar

Spanien	– Anwendung bei volljährigen (über 18-jährigen), auch alleinstehenden Frauen mit guter psychischer und physischer Gesundheit – Samenspender anonym, aber: Anspruch von Kind/Frau/sozialem Vater auf allg. Informationen über den Spender, Offenlegung der Spenderidentität in besonderen Fällen – max. sechs Kinder von einem Spender – »Samenmix« verboten – Entgeltverbot bzgl. Samenspende	– erlaubt – Anwendung bei volljährigen (über 18-jährigen), auch alleinstehenden Frauen mit guter psychischer und physischer Gesundheit – Präimplantationsdiagnostik praktiziert	– Anwendung bei volljährigen (über 18-jährigen), auch alleinstehenden Frauen mit guter psychischer und physischer Gesundheit – max. sechs Kinder von einer Spenderin – Entgeltverbot – Eizellspende und Spende von Präembryonen zulässig – Spenderin anonym, aber: Anspruch des Kindes und der sozialen Eltern auf allgemeine Informationen über die Spenderin; Offenlegung der Spenderinnenidentität in besonderen Fällen – Unentgeltlichkeit der Ei- bzw. Präembryospende	– erlaubt – Samen und überzählige Präembryonen dürfen in zugelassenen Einrichtungen max. fünf Jahre gelagert werden. Das Verfügungsrecht geht nach zwei Jahren auf die Einrichtung über – Ehemann kann im Testament die Zustimmung dafür geben, dass seine Frau binnen sechs Monaten nach seinem Tod mit seinem Samen befruchtet wird, nicht verboten – Leihmutterschaftsverträge sind nichtig – Handel mit sowie Ex- oder Import von Präembryonen	– nicht verboten – Leihmutterschaftsverträge sind nichtig – Handel mit sowie Ex- oder Import von Prä-embryonen strafbar	– verboten – umfassendes Verbot des Klonens menschlicher Lebewesen durch verschiedene Straftatbestände
Tschechien	anonyme Samenspende erlaubt	– Kultivierung bis zur Blastozyste (sechs Tage) – Rücktransfer von bis zu vier Embryonen	– erlaubt	– erlaubt	– erlaubt	– verboten

(Quelle: *stern magazin* 44/2000 und eigene Recherchen. Alle Angaben ohne Gewähr!)

8 Falls der Abschied vom Kinderwunsch unausweichlich wird

»Verbesserungswürdig in der medizinischen Betreuung ist die allzu vorsichtige Ausdrucksweise bei den ›schlechten‹ Ergebnissen, die bei mir immer wieder zu Hoffnungen gefuhrt haben. Dadurch wurde das Ergebnis, ›keine Kinder‹ zu bekommen meinerseits zu sehr in den Hintergrund gedrängt. Die Frage ›was ist, wenn nicht‹ wurde von mir und meinem Partner ganz selten gestellt und nicht ausdiskutiert. Und als das Ergebnis nicht mehr zu verleugnen war, waren wir diesem nicht gewachsen. Meines Erachtens hätte die ›schlechte‹ Möglichkeit während des Untersuchungszeitraumes immer mal betont werden müssen.«
(M. S. in unser Nachbefragung im Juli 1999)

Den »Traum vom eigenen Kind« zu verabschieden fällt schwer. Das Besondere am Abschied vom Kinderwunsch ist, dass Sie etwas verabschieden müssen, was Sie noch nicht erfahren haben. Für Paare, die ein Kind verloren haben und die bisher vergeblich auf eine erneute Schwangerschaft warten, gilt dieser Satz natürlich so nicht. Aber auch diese Paare müssen sich von einer Entwicklungsmöglichkeit, von einem gemeinsamen Lebensentwurf verabschieden. Das geht nicht ohne Trauerarbeit. Und hier ist auch eine der Schattenseiten der Fortpflanzungsmedizin zu sehen. In der Medizin geht es darum, das Leben beherrschbar zu machen, den Tod hinauszuschieben und die Grenzen des Lebens zu erweitern. Große Fortschritte in der Medizin haben dazu geführt, dass in den westlichen Ländern die durchschnittliche Lebenserwartung inzwischen für Männer bei 75 und für Frauen bei 81 Jahren liegt. In einigen afrikanischen Ländern beträgt sie gerade mal die Hälfte! Einer der neuesten Trends ist die »Anti-Aging«-Medizin. Da die Hormonproduktion beim alternden Mensch immer mehr zurückgeht, soll durch die Einnahme von Hormonen der Alterungsprozess verlangsamt werden. »Anti-Aging«-Befürworter stellen eine durchschnittliche Lebenserwartung von 100 Jahren in Aussicht. Der Abschied vom jungen werdenden Leben wird in Ländern außerhalb der »Dritten Welt« immer seltener: Die Säuglingssterblichkeit, die z. B. in Deutschland vor 100 Jahren noch bei 23 % lag, beträgt jetzt weniger als 0,5 %. All diese Beispiele zeigen, dass die Auseinandersetzung mit der Begrenztheit des Lebens aufgrund des medizinischen Fortschritts immer mehr an den Rand geraten ist. Sterben findet im Altersheim oder im Krankenhaus statt und ist kein selbstverständlicher Teil des Alltagslebens mehr. In den westlichen Gesellschaften dominiert die »Fitness-Kultur«, die Schwächen und Begrenztheiten nicht kennt. Hinzu kommt der technologische Fortschritt, der – nicht nur in der Fortpflanzungsmedizin – das Bild entwirft, die ungelösten Probleme von heute seien morgen lösbar. Somit stehen den wenigsten von uns Mittel zur Verfügung, die wir zum Abschiednehmen und zum Trauern benötigen. Hilfreiche Rituale, ein tragfähiges soziales Netz, offene Gespräche im Umgang mit Tod und Sterben sind in unserer Kultur kaum noch vorhanden. Für den Abschied vom Kinderwunsch gibt es sie noch weniger, zum Großteil müssen sie erst noch geschaffen bzw. wiederentdeckt werden.

Über die Notwendigkeit zu trauern

Die Aufgabe eines tiefgreifenden Kinderwunsches ist mit Trauern verbunden, mit Trennung von etwas Wichtigem, das für Sie womöglich über Jahre im Mittelpunkt Ihres Lebens gestanden hat. Erfahrungsgemäß ist von der Frau mehr Trauerarbeit zu leisten als vom Mann. Gehen Sie davon aus, dass dieser Prozess im Allgemeinen über einige Monate dauert und kaum abzukürzen ist. Und es wird auch eine Narbe bleiben, die vielleicht in dem Alter wieder aufbricht, in welchem in Ihrer Generation Enkelkinder kommen. Trauern ist aber – im Gegensatz zur Depression – ein lebendiger, aktiver Vorgang, der eine Neuorientierung nach sich zieht.

Hilfen beim Abschied

> *»Ich meine, man sollte auch schon mal bewusst Sachen tun, die man mit Baby nicht tun könnte. Das ist natürlich ein schwacher Trost, aber es half mir, auch einen Sinn an einem Leben ohne Kind zu finden. Ich finde es wichtig, den Patienten vor Augen zu führen, dass es auch ein Leben ohne Kinder gibt.«*
> *(Frau M. auf unsere Internet-Umfrage)*

Als hilfreich haben sich die vier Schritte des Abschieds vom Kinderwunsch erwiesen, wie sie die erfahrene Kinderwunschberaterin Christl Büchl entwickelt hat:

Den richtigen Zeitpunkt wählen

Wann ist es Zeit, den Kinderwunsch zu verabschieden und die medizinischen Behandlungsversuche endgültig einzustellen? Verstand und Gefühl müssen bei Ihnen gemeinsam »Ja« zum Aufhören sagen, sonst bleibt eine ungute innere Spannung erhalten. Da der Kinderwunsch und die medizinische Behandlung von beiden Partnern gemeinsam getragen wird (bzw. werden sollte), sollten Sie auch den Abschied gemeinsam gestalten: Der Partner, der früher aufhören kann, wartet auf den anderen, der noch etwas länger braucht. Die Entscheidung zum Abschied sollte aus dem Herzen kommen und nicht aufgrund des Drucks vom Partner gefällt werden.

Wertschätzung des Zeitraumes, in dem Sie sich um ein Kind bemüht haben

Die Monate oder Jahre, die Sie sich um ein gemeinsames Kind bemüht haben, sind nicht verlorene Zeit. Sie haben eine Lebenskrise miteinander durchstanden, haben gekämpft und damit wahrscheinlich ein Stück gegenseitiger tiefer Verbundenheit gewonnen, die Ihnen die Sicherheit geben kann, kommenden Schwierigkeiten im Leben gelassener begegnen zu können. Dafür können Sie wechselseitig dankbar sein.

Neuorientierung

Die seelische Energie, die über längere Zeit im Traum vom eigenen Kind gebunden war, steht Ihnen allmählich wieder zur Verfügung. Dem Wunsch, etwas zu hinterlassen, können Sie auch auf andere Art und Weise Ausdruck zu verleihen. Nicht wenige kinderlose Persönlichkeiten haben als Künstler oder Politiker ein großes Lebenswerk hinterlassen. Soziale Aktivitäten sind eine der Möglichkeiten, bei der Erziehung oder Pflege anderer Menschen mitzuwirken. Vielleicht haben Sie jetzt aber auch einen Nachholbedarf an Leben und wollen etwas nur für sich tun, nicht für jemand anderen wie zuvor für Ihr Traumkind. Das kann eine berufliche Neuorientierung sein, oder auch die lange aufgeschobene Fernreise. Andere neue Projekt erscheinen mit der Zeit vor Ihrem Auge, die Vorteile des kinderfreien Lebens werden wieder spür- und genießbar.

Den Kinderwunsch auch in Zukunft in Ehren halten

Der Kinderwunsch ist jetzt nicht vollständig Vergangenheit geworden. Erkennen Sie an, dass in vielen Fällen ein Fünkchen Hoffnung noch bis zu den Wechseljahren erhalten bleibt. Und bis zum Lebensende wird Sie immer ein bisschen Wehmut begleiten. So wie

Ihr Traumkind über eine ganze Zeit Ihr gemeinsames »Projekt« war, so könnte jetzt Ihre Partnerschaft Ihr »Kind« werden. Es kann ein lohnendes Ziel für Sie werden, die Partnerschaft zu pflegen und ihr gute Entwicklungsmöglichkeiten bereitzustellen.

- Hilfreich bei der Verabschiedung vom Kinderwunsch ist es, wenn Sie sich dieses Schicksal nicht im Sinne von »Wir sind unfruchtbar« zueigen machen, sondern Sie sollten zu der Einstellung kommen: »Wir haben ein Problem mit der Fruchtbarkeit, aber wir sind nicht das Problem.«

Transzendente Aspekte der Kinderlosigkeit

»Ich definiere mich nicht übers Kindergebären. Mein Ziel ist es, im Leben Spuren zu hinterlassen. Positive Spuren. Dazu muss ich gewiss keine Mutter sein. Wenn mir ein Kind geschenkt wird ist es gut, ich werde vermutlich selig sein. Aber es ist nicht Sinn und Zweck meines Daseins auf Erden. Dazu bin ich zu viel wert als Mensch, als dass das meine einzige Daseinsberechtigung sein sollte.«
(B. im September 2000 in einem Internet-Forum)
»Ein Kind zu haben, schenkt sicher sehr viel Freude. Aber, um es zu bekommen, auf so viel Lebensfreude zu verzichten, wie ich es bei meiner ICSI erlebt habe und wie ich es in diesem Forum schon so häufig gelesen habe, das erscheint mir paradox. Man verliert durch die Faszination des Machbaren leicht das Wesentliche aus den Augen, dass man sein Leben in den Grenzen, die einem das »Schicksal« (oder die »Vorsehung«, falls Du religiös bist) vorgibt, annehmen muss, wie es ist, um glücklich zu sein. Ich habe ausprobiert, wo diese Grenzen sind, bzw. bin noch dabei, und bin mir sicher, dass mein Leben auch ohne Kinder einen Sinn hat und ein erfülltes sein wird.«
(M. im Juli 2000 in einem Internet-Forum)
»Der christliche Glaube, das Loslassen des ›Rechtes‹ auf ein eigenes Kind (mit der Trauerarbeit, die dazugehört) hat meinen Mann und mich in eine neue Dimension unserer Ehe geführt.«
(Beitrag zu unserer Internet-Umfrage)

Wie bei allen Lebensproblemen stellt sich auch bei der Bewältigung der ungewollten Kinderlosigkeit die Frage nach den transzendenten Aspekten, die Frage nach der Bedeutung dieser Lebenserfahrung über das persönliche Leben hinaus, die Frage nach dem Lebenssinn. Für religiös orientierte Menschen mag dieser Aspekt leichter erschließbar sein als für nicht gläubige Menschen. Diese können durch eine solche Erfahrung vielleicht eine Zuwendung zur Religiosität erfahren. In der Regel erschließen sich transzendente Aspekte erst in der Rückschau, womöglich erst viele Jahre später. Den großen Weltreligionen gemeinsam ist die tief gespürte Gewissheit, dass in der Auseinandersetzung mit der Begrenztheit des menschlichen Lebens, in der Auseinandersetzung mit dem Tod und mit dem Loslassen erst die eigentliche Wertschätzung des Lebens beginnt. Jede Mutter, jeder Vater wird Ihnen bestätigen können, dass von der Geburt eines Kindes an die Trennung beginnt: Das Kind löst sich aus dem Leib der Mutter, die Nabelschnur wird durchtrennt, das Kleinkind krabbelt in die Welt hinaus. Später wird das Kind trotzig, die Eltern müssen sich von ihren Erziehungsidealen trennen, das Kind setzt sich im Nein-Sagen von den Eltern ab. Es wird in die Krabbelgruppe weggegeben, in den Kindergarten, in die Schule. Und schließlich zieht es aus dem Elternhaus aus und gründet später eine eigene Familie. Im Grunde ist die menschliche Entwicklung immer mit Trennungen und Abschieden verbunden, ja, diese sind zur Entwicklung sogar lebensnotwendig. Nur wenn sich der junge Mensch vom Althergebrachten trennt, kann er Neues schaffen. Das zeigt beispielsweise der christliche Mythos von der Vertreibung aus dem Paradies, die unabdingbare Voraussetzung für die Bewusstwerdung des Menschen war. Insofern haben Trennungserlebnisse und Verabschiedungen einen archetypischen Hintergrund, sie sind schon immer wesentlicher Bestandteil des Lebens gewesen. Zu den archetypischen Aspekten gehört auch, dass einem Trennungen immer zu früh erscheinen, und dass jeder Mensch in dieser Situation das tiefe Gefühl hat, alleine damit auf der Welt zu sein.

Vielleicht können Ihnen die nachstehenden weisen Worte des großen Tiefenpsychologen Carl Gustav Jung Trost spenden: »Ich hatte nämlich inzwischen einsehen gelernt, dass die größten und wichtigsten Lebensprobleme im Grunde genommen alle unlösbar sind ... Sie können nie gelöst, sondern nur überwachsen werden.«[6]

Langfristige Folgen ungewollter Kinderlosigkeit

Die Annahme, dass Kindersegen zum Lebensglück unbedingt dazugehöre, ist falsch. In einer gemeinsamen Studie der Universitäten Jena und Freiburg/Breisgau wurden 428 Personen zwischen 43 und 65 Jahren, je zur Hälfte Kinderlose und Eltern, befragt. Ergebnisse: Kinderlose Paare sind genauso glücklich und sozial eingebunden, sie sind nicht kränker oder gesünder, haben nicht mehr psychosomatische Störungen, depressive Verstimmungen oder andere Erkrankungen als andere. Der entscheidende Schritt für eine erfolgreiche psychische Bewältigung von Kinderlosigkeit scheint zu sein, alternative Lebenskonzepte zu entwickeln, die ebenfalls Erfüllung versprechen. Darüber hinaus gibt es auch Paare, die sich einen symbolischen Ersatz für ihr Traumkind geschaffen haben und zum Beispiel gemeinsame Hobbies pflegen. Diese Strategie wappnet gegen mögliche depressive Verstimmungen, etwa wenn mit dem Eintritt ins Rentenalter eine neue Lebensphase beginnt. Bei manchen älteren Menschen taucht im Zusammenhang mit solchen Umbrüchen das Problem der eigenen Kinderlosigkeit noch einmal in der Rückschau auf. Am besten kommen in der langfristigen Bewältigung von Kinderlosigkeit jene Menschen zurecht, die sich entweder bewusst gegen Nachwuchs entschieden haben oder eine Kinderlosigkeit aufgrund von Fertilitätsstörungen als Schicksal akzeptieren. Ungünstig aus psychologischer Sicht sind Grübeleien oder Selbstschuldzuweisungen. Negativ wirken sich auch tief verwurzelte soziale Vorurteile aus, also bei Männern, wenn sie sich

[6] C. G. Jung, aus der Einführung zu *Das Geheimnis der Goldenen Blüte* (Hrsg.: R. Wilhelm, Diederichs 1996, S. 20 f.).

einen Stammhalter wünschen, oder bei Frauen, die den Kindersegen als definitiven Bestandteil ihrer Geschlechterrolle ansehen.

Literaturempfehlungen

Ein sehr gutes, aber leider vergriffenes Buch wurde von Linda Hunt-Anton geschrieben: *Abschied vom Kinderwunsch. Ein Ratgeber für Frauen, die nie Mutter geworden sind* (Knaur 1994). Dieses Buch gibt weitere konkrete Tipps, wie Sie mit dem letztlich unerfüllten Kinderwunsch umgehen können. Aus dem Ratgeber zum Abschied vom Kinderwunsch von Gisela Zeller-Steinbrich: *Wenn Paare ohne Kinder bleiben. Seelische Entwicklungen – neue Perspektiven* (Herder 1995) haben wir eine Passage an das Ende dieses Kapitels gestellt. Die empfehlenswerte Broschüre: *Es ist ein Versuch – nicht mehr und nicht weniger. Seelischer Umgang mit künstlicher Befruchtung* von Christl Büchl ist gegen einen Unkostenbeitrag bei der Autorin erhältlich (Beethovenstraße 8, 86 150 Augsburg). Beim Trauern hilft Ihnen vielleicht der Ratgeber von Jorgos Canacakis: *Ich begleite dich durch deine Trauer* (Kreuz Verlag 1990). Empfehlenswert ist auch das Buch von Vamik Volkan und Elisabeth Zintl: *Wege der Trauer. Leben mit Tod und Verlust* (Psychosozial-Verlag 2000). Das Buch: *Einen geliebten Menschen verlieren. Vom schmerzlichen Umgang mit der Trauer* (PAL Verlag 2000) von Doris Wolf bezieht sich zwar auf den Abschied von einem Menschen, bietet aber viele konkrete Hinweise zum Umgang mit den Phasen des Trauerns. Auf alle Fälle sollten Sie sich die Bücher von Verena Kast: *Trauern. Phasen und Chancen des psychischen Prozesses* (Kreuz Verlag 1992) und *Lebenskrisen werden Lebenschancen. Wendepunkte des Lebens aktiv gestalten* (Herder 2000) anschauen.

Schließen möchten wir dieses Kapitel mit der von Gisela Zeller-Steinbrich erstellten etwas provokativen und zum Nachdenken anregenden Liste:

Kleine Checkliste für ein Leben ohne Kinder: 17 Vorurteile[7]

Alle haben Kinder, nur wir nicht.
Rund 20 Prozent aller Ehen sind bei uns kinderlos. Nähme man die nicht-ehelichen Lebensgemeinschaften mit hinzu, läge der Anteil kinderloser Paare noch beträchtlich höher.
Kinder kriegen ist normal.
Es gibt keine abstrakte allgemeine Norm, die festlegen könnte, was normal oder natürlich ist. Wer normal sein will, schaut am besten, was zu ihm und zu seiner Vorgeschichte oder Paargeschichte am besten passt. Kinderkriegen kann sogar ein Krankheitssymptom sein für eine kranke Seele in einem gesunden Körper.
Ungewollt kinderlose Frauen sind infantil.
Ein Vorurteil, wie tiefenpsychologische Untersuchungen ergeben haben.
Ein Mann, der kein Kind zeugen kann, ist kein richtiger Mann.
Atavistischer (= geschichtlich überholter; Anm. d. A.) Überrest aus der patriarchalischen Frühzeit.
Eine kinderlose Frau ist unweiblich.
Ableger von: Mutterschaft ist die Bestimmung der Frau. Ausdruck männlicher Dominanz- und Distanzierungswünsche (»Ab ins Kinderzimmer!«). Findet sich auch gelegentlich als Ausdruck weiblichen Neides auf unabhängige Geschlechtsgenossinnen und soll die Mühen der Mutterschaft glorifizieren.
Kinderlosigkeit macht sexuell unzufrieden.
Was das Paar nicht bringt, bringt die Familie erst recht nicht. Paare ohne Kinder sind allgemein sexuell zufriedener als Paare mit Kindern. Kinder und die Belastungen durch sie stören oft beim Sex. Ihr

[7] Aus: Gisela Zeller-Steinbrich, Wenn Paare ohne Kinder bleiben. Herder/Spektrum Verlag Bd. 4372. Herder, Freiburg 1995. Wir danken der Autorin und dem Verlag für die freundliche Nachdruckgenehmigung.

Ausbleiben stört nur dann, wenn der Zweck der Sexualität im Kinderzeugen gesehen wird oder wenn sich die Partner unter seelischen Druck setzen durch ungewollte Kinderlosigkeit.

Kinder bringen soziale Wertschätzung und Achtung.
Kinderbetreuung gehört leider zu den am wenigsten geachteten Tätigkeiten in unserer Gesellschaft. Andere Quellen der Selbstbestätigung wie berufliche Tätigkeit, kreative Entfaltung oder soziales Eingebundensein leiden oft durch Kinder.

Wer Kinder hat, ist nicht allein.
Mit Kindern leben heißt *für* Kinder leben. Das kann ausfüllen, ist aber kein Ersatz für eigene Lebensziele und Beziehungen zu Erwachsenen. Die notwendigen Abstriche an den Möglichkeiten, die Paarbeziehung, Freundschaften und eigene Interessen zu pflegen, führen besonders bei Frauen mit kleinen Kindern häufig in die soziale Isolierung.

Kinderlose führen schlechte Ehen.
Irrtum. Wer die seelischen Belastungen verarbeitet und sich nicht wegen der Kinderlosigkeit scheiden lässt, hat Chancen auf eine bessere Ehe als die meisten Paare mit Kindern. Kinderlose Paare beurteilen sich auf lange Sicht im Durchschnitt als zufriedener, als das Paare mit Kindern tun.

Je mehr ich ein Kind wünsche, desto eher kommt es.
Genauso falsch wie die Ansicht, wer kein Kind will, kriegt keins. Zu viel Kinderwunsch ist tatsächlich eher hinderlich. Stress wirkt sich negativ auf die Sexualität und die Empfängnisbereitschaft aus.

Menschen ohne Kinder sind Egoisten.
Wie sozial jemand ist, misst sich an seiner Lebensführung, nicht an seiner Kinderzahl. Es gibt auch unglaublich egoistische Eltern.

Wer Kinder liebt, kriegt selber welche.
Gehen Sie in ein Kinderheim und machen Sie die Gegenprobe.

Kinder machen glücklich.
Der Satz hieße besser: Kinder brauchen glückliche Eltern. Sprechen Sie mit Eltern älterer Kinder und fragen Sie, ob sie's noch mal tun würden. »Ich möchte sie nicht missen, *aber*...« ist die häufigste und ehrlichste Antwort. Wenn Sie das nicht heilt, sprechen Sie mit alleinerziehenden Müttern, deren Partnerschaft nach der Geburt

des Kindes zerbrach. Die Sehnsucht nach einem Mann kann ebenso groß sein wie die nach einem Kind.

Kinder verhelfen zu seelischem Wachstum und zu seelischer Reife.
Und sie behindern es! Kinder binden seelische Ressourcen, viel Eigenes muss unterdrückt werden. Oft kommt es dadurch zu einem Flaschenhalsgefühl und später dann zur »Pubertätskrise der Eltern«.

Kinder stabilisieren die Paarbeziehung.
Das Gegenteil ist richtig. Kinder sind eine permanente Herausforderung, ein permanenter Thrill. Nur für leidenschaftliche Hochseilartisten.

Kinder geben Zärtlichkeit und Nähe.
Erst mal ist es umgekehrt: Kinder brauchen viel, und nicht immer das, was man gerade geben möchte. Lieber sehen, wo's direkt zu kriegen ist, der Umweg über Kinder kann Liebesdurstige geradewegs in die Wüste führen.

Sexualität ist nicht wichtig, ein Kind schon.
Vorsicht! Das eine kommt in jeder Hinsicht vor dem anderen! Pflege der Paarbeziehung kommt vor dem Kind.

Zum Abschluss noch ein kleiner Hinweis:
Nach allem, was wir wissen, hat das Paradies ohne Kinder stattgefunden. Es besteht also kein Grund zur Annahme, das Leben ohne eigenen Nachwuchs sei die Hölle.

9 *Adoption und Pflegschaft als alternative Perspektiven*

»Was mir (weiblich, 36 Jahre) sehr zu schaffen gemacht hat (ich habe mit 17 Jahren durch Unterleibskrebs eine Totaloperation erlitten) war die Angst, dadurch keinen Mann zu finden. Oder eventuell später Eheprobleme zu bekommen, dadurch dass ich nur noch eine halbe Frau war. Ich hatte das Gefühl, mein Leben lang alleine bleiben zu müssen und die Angst, einmal zu gehen und nichts zu hinterlassen, was ›von‹ mir war, ja, eigentlich das Gefühl, keinen Sinn mehr zu haben im Leben. Kinder waren immer wichtig für mich und ich konnte mir kein Leben ohne Kinder vorstellen. Es war für mich damals sehr schwer, zumal ich dann auch noch etwas später einen Freund an seinen ›Seitensprung‹ der dadurch schwanger wurde, verloren habe. Ich bin in einen tiefen Abgrund gestürzt, aus dem ich sehr schwer wieder raus fand. Ich habe alles in mich hinein gefressen. Das war falsch, heute kann ich nur sagen: Reden Reden Reden. Ich konnte nie eine Freundin besuchen, die ein Kind bekommen hatte, ohne mich heulend auf der Straße wiederzufinden. Heute ist das nur noch Vergangenheit. Es sollte angesprochen werden, dass man sich nicht als halbe Frau fühlen muss. Dass man ein vollwertiger Partner ist und genauso das Recht hat, geliebt zu werden, wie jeder andere Mensch auch. Es sollte darauf hingewiesen werden, dass es andere Alternativen zum leiblichen Kind gibt, aber vor allen Dingen sollte man unterstreichen, dass auch ein kinderloses Leben durchaus lebenswert ist und man dadurch nicht als minderwertiger Mensch/Familie zu betrachten ist! Wie gesagt, für

mich stand dieses Problem an vorderster Stelle, mein Selbstwertgefühl als Frau war kaputt. Nun ist es so, dass ich 19 Jahre später auf mein Leben zurückblicke und ich meine Ängste von damals nicht mehr verstehen kann. Ich hatte dann einige Jahre später noch einen Schicksalsschlag und habe durch einen Autounfall mit 23 Jahren ein Bein verloren. Und trotzdem – oder gerade deswegen – habe ich meinen jetzigen Mann kennengelernt und wir haben inzwischen vier wunderbare Kinder adoptiert und sind eigentlich total glücklich. Ich kann nur jedem raten, sich mit dem Thema Adoption zu beschäftigen als Alternative zum leiblichen Kind. Unsere Kinder könnten nicht besser sein und im Grunde genommen sehe ich meinen Schicksalsschlag von damals als mein Glück von heute an, denn hätte ich sonst meine vier Wonneproppen adoptiert? Wer weiß das schon?«
(Aus einer Rückmeldung zu unser Internet-Umfrage)

In der Ratgeberliteratur, aber auch bei behandelnden Ärzten wird von der Adoption bzw. Pflegschaft als Alternative zum eigenen Kinderwunsch gesprochen. Das ist so nicht richtig, da bei der Adoptionsvermittlung Eltern für bedürftige Kinder gesucht werden und nicht umgekehrt. Ein Adoptivkind stellt auch niemals einen Ersatz für ein leibliches Kind dar. Eine Alternative im Sinne einer gleichwertigen Möglichkeit ist eine Adoption für ein Paar mit dem Wunsch nach einem Kind also nicht. Häufig führt dieses bei Kinderwunschpaaren zu einer drastischen Ernüchterung, wenn sie bei einem Gespräch auf dem Jugendamt ihre Kinderlosigkeit als Motiv für eine Adoption oder Pflegschaft benennen und damit auf ablehnende Reaktionen stoßen. Aus der Sicht der Adoptionsvermittler, die sich dem Wohl des zu vermittelnden Kindes verpflichtet fühlen, ist diese Auffassung verständlich. Die Bedürftigkeit ungewollt kinderloser Paare sollte im Vermittlungsprozess allerdings mehr mitberücksichtigt werden.
Als Adoptionsform wird mittlerweile die »offene Adoption« favorisiert, bei der sich abgebende Mutter und Adoptiveltern persönlich kennen und bei Bedarf auch Kontakt miteinander haben. Diese Entwicklung ist vor dem Hintergrund zu sehen, dass es sich für alle Beteiligten – einschließlich des Adoptivkindes – im Laufe der Zeit als psychisch sehr schwierig erweist, mit dem Geheimnis der Her-

kunft des Kindes angemessen umzugehen. Die Erfahrungen zeigen, dass es für die gesunde Entwicklung des Kindes elementar ist, um seine biologische Herkunft zu wissen. Von daher gehen die Empfehlungen auch in die Richtung, das Adoptivkind spätestens in der Pubertät über seine leiblichen Eltern aufzuklären. Da es leider auch viele unglückliche Verläufe von Adoptionen gibt, gehen immer mehr Adoptionsvermittlungsstellen dazu über, die Familien einmal im Jahr zu einem gemeinsamen Gespräch zu verpflichten, um die kindliche und die familiäre Entwicklung einschätzen zu können und gegebenenfalls korrigierend eingreifen zu können.

Noch eine Anmerkung zur offenen Adoption: Als unstrittig gilt die schädliche Wirkung der Geheimhaltung der Herkunft des Kindes für dessen psychische Entwicklung. Über die langfristigen Folgen eines regelmäßigen Umgangs mit der leiblichen Mutter kann jedoch bis jetzt noch wenig ausgesagt werden. Aus psychologischer Sicht kann kritisch angemerkt werden, dass es unter Umständen auch irritierend für das Kind sein kann, nicht zu wissen, zu wem es jetzt eigentlich gehört. Offenheit kann auch durch andere Rituale geschaffen werden. So berichtete uns eine Adoptivmutter im Rahmen einer Fortbildung, dass es in ihrer Familie zwei Festtage für das Kind gäbe: seinen Geburtstag und den Tag, an dem das Kind in die Familie kam.

Inwieweit Adoption eine realistische alternative Perspektive für Sie sein kann, sollten Sie miteinander ausführlich besprechen. Sie sollten sich dabei die Vermittlungschancen von den für Sie zuständigen Adoptionsberatern nennen lassen. Beim Jugendamt Heidelberg liegt beispielsweise das Verhältnis von zur Adoption vorgemerkten Kindern zu Adoptionsbewerbern bei 1 zu 20, bundesweit beträgt das Verhältnis 1 zu 14 (Stand Ende 2001). Über 60 % der Adoptionen erfolgen dabei innerhalb der Verwandtschaft. Die Zahl der Adoptionen geht jedes Jahr deutlich zurück, da sowohl die Zahl der zur Adoption vorgemerkten Kinder als auch die Zahl der Adoptionsbewerber abnimmt. Von den Adoptivkindern hatten ca. 30 % eine ausländische Staatsangehörigkeit (ohne Stiefkind und Verwandtenadoptionen). Die größte Gruppe stellten dabei Kinder aus Osteuropa dar.

Vorurteile über Adoption

Der Status von Adoptiv- und Pflegekindern wird im Allgemeinen sehr verschieden eingeschätzt: Während sich in unserer Untersuchung an ca. 1000 Paaren zu Beginn einer fortpflanzungsmedizinischen Behandlung immerhin 37 % der befragten Frauen und Männer die Annahme eines Adoptivkindes vorstellen konnten, waren es in Bezug auf eine Pflegschaft nur ca. 14 %. Für 51 % der Befragten war eine Pflegschaft definitiv keine Perspektive, für 30 % auch die Adoption nicht. Als wichtigster Grund für diese überwiegend ablehnende Einstellung zur Übernahme einer Pflegschaft war die Befürchtung, dass die Beziehung zum Kind gestört sein würde durch die Ungewissheit, ob und wann ihnen das Kind wieder »weggenommen« würde. In Bezug auf die Gründe gegen eine Adoption wurde häufig die Befürchtung genannt, die Prägung der Kinder durch belastende frühe Lebensumstände könne durch die Erziehung nicht mehr korrigiert werden (»fremdes Blut«). Da nicht erfragt wurde, inwieweit die Paare sich schon konkreter mit der Adoptions- bzw. Pflegschaftsvermittlung befasst hatten, sind die genannten Zahlen als Momentaufnahme zu Beginn einer fortpflanzungsmedizinischen Diagnostik bzw. Therapie zu verstehen. Unseres Erachtens spiegeln sie aber auch ein generelles (Vor-)Urteil über den unterschiedlichen Status von Adoptiv- und Pflegekindern wider. Überlegen Sie, ob Sie ein Kind in Pflege nehmen wollen. Pflegekinder bleiben häufig dauerhaft bei ihrer neuen Familie. Allerdings haben Sie als Pflegeeltern darauf keinen Anspruch, denn das Sorgerecht bleibt bei den leiblichen Eltern. Immerhin rund ein Drittel aller Pflegekinder wird aber später adoptiert. Pflegeeltern werden sehr viel dringender gesucht als Adoptiveltern, so dass die Auswahlgespräche nicht so streng und die Wartezeiten nicht so lang sind.

Häufig hört man ja in der Beratung von Kinderwunschpaaren, dass es bei Paaren, die sich von einem leiblichen Kind innerlich verabschiedet und ein Kind adoptiert oder in Pflege genommen hätten, dann doch zu einer spontanen Schwangerschaft gekommen wäre. Systematische Untersuchungen können den Zusammenhang zwischen Adoption und Schwangerschaft jedoch nicht belegen. Wenn man größere Fallzahlen betrachtet, liegt die Schwangerschaftsrate bei Adoptiveltern sicher nicht über der anderer Paare nach Fertilitätsbehandlung. Es gibt natürlich immer wieder Ausnahmefälle: Von den 204 Paaren unserer Nachbefragung hatten 32 den Kinderwunsch inzwischen aufgeben, von diesen 32 Paaren war eine Frau mit mehrjähriger sekundärer Sterilität (sie hatte bereits eine Tochter) nach Annahme eines Pflegekindes spontan schwanger geworden. Wenn von 100 Frauen nach Adoption drei schwanger werden, wird über diese Frauen nun mal mehr berichtet als über die verbleibenden 97 »unspektakulären« Frauen.

Ablauf eines Adoptionsverfahrens

> *»Es ist irgendwie ungerecht: nicht nur wird mein Körper wegen der Kinderlosigkeit von tausend Leuten untersucht, betastet, durchleuchtet und nach Werten beurteilt, aufgeschnitten und wieder zugenäht; nein – jetzt sind meine Persönlichkeit und mein Privatleben an der Reihe. Da wird jetzt nachgefragt, auf den Zahn gefühlt, bewertet, beurteilt, eine Akte angelegt, Hausbesuch gemacht und und und.«*
> *(C. im Dezember 2000 in einem Internet-Forum)*

Es empfiehlt sich, vor der Antragstellung einige Bücher zum Thema Adoption zu lesen (siehe Literaturhinweise). Sehr empfohlen werden die von manchen Adoptionsvermittlungsstellen angebotenen Wochenendseminare, auf denen Sie umfassend informiert werden und mit anderen Adoptionsbewerbern in Kontakt kommen können. Zu den formalen Voraussetzungen des Adoptionsverfahrens gehört, dass die künftigen Eltern körperlich und geistig gesund sind, ein festes Einkommen haben und über genügend Wohnraum verfügen. Eine Höchstaltersgrenze für Adoptiveltern ist im Gesetz nicht vorgesehen. In der Praxis werden deutsche

Säuglinge und Kleinkinder jedoch nur an Ehepaare vermittelt, die nicht älter sind als 35 Jahre. Bei Auslandsadoptionen werden diese Grenzen nicht so starr gehandhabt. Die untere Altersgrenze liegt bei 21 Jahren. Will ein Alleinstehender ein Kind adoptieren, so muss er mindestens 25 Jahre alt sein. Der Adoption vorgeschaltet ist eine Pflegezeit von einem Jahr. Die Jugendämter brauchen für eine Adoption einen ausgefüllten Bewerbungsantrag oder eine selbst geschriebene Bewerbung, Geburtsurkunden, Heiratsurkunde, Lebensläufe, polizeiliche Führungszeugnisse und Verdienstnachweise, gegebenenfalls ärztliche Atteste vom Hausarzt und Staatsangehörigkeitsnachweis. Zunächst finden mehrere Gespräche zwischen den Bewerbern und den Adoptionsvermittlern statt. Dabei werden die Paare über das Verfahren zur Feststellung der Adoptionseignung aufgeklärt sowie darüber, dass sie keinen Rechtsanspruch auf die Vermittlung eines Kindes haben. Schließlich bekommt das Bewerberpaar einen Fragebogen mit nach Hause, der häufig sehr persönliche Fragen enthält und in dem unter anderem der Kinderwunsch näher begründet werden muss.
Nach dem Einreichen der Unterlagen führt das Jugendamt das Eignungsverfahren durch. In den weiteren Gesprächen, die zum Teil auch im Haus des Bewerberpaares geführt werden, geht es auch um das Leben mit einem adoptierten Kind und den Unterschied von offener und nichtoffener Adoption. Für das Bewerberpaar ist es sicher zu empfehlen, diese Gespräche möglichst offen zu führen und keine vorgefertigten »Geschichten« zu präsentieren. Da die meisten Adoptionsvermittler es nicht gerne sehen, wenn sich das Paar noch in Kinderwunschbehandlung befindet, sollten Sie dieses nicht unbedingt in den Vordergrund stellen. Entgegen manchem Vorurteil kommen die meisten abgebenden Mütter nicht aus dem Drogenmilieu oder ähnliches. Es sind häufig junge Frauen, die ungewollt schwanger geworden sind und keine Möglichkeiten gesehen haben, für ihr Kind angemessen sorgen zu können.
Das Eignungsverfahren wird einige Monate in Anspruch nehmen, je nach Jugendamt kann es sogar über ein Jahr dauern. Daher sollten Sie frühzeitig diesen Weg einschlagen, wenn eine Adoption für Sie in Frage kommt. Es wird dann ein Sozialbericht erstellt, den Sie

für eine Auslandsadoption unbedingt brauchen. Die festgestellte Eignung gilt allerdings nur zwei Jahre, grundsätzlich sollten Sie daher in Kontakt mit dem Jugendamt bleiben. Ein gutes Verhältnis zum Jugendamt ist wünschenswert, aber nicht immer möglich. Es können auch andere Behörden oder Organisationen den Sozialbericht erstellen. Zugelassen sind alle in Deutschland anerkannten Adoptionsvermittlungsstellen.

Auslandsadoption

Nachdem Sie das Eignungsverfahren beim zuständigen deutschen Jugendamt abgeschlossen haben, können Sie sich an einen Verein wenden, der bei Auslandsadoptionen behilflich ist. Dort erfahren Sie, welche Unterlagen in dem jeweiligen Land benötigt werden, z. B. psychologische Atteste in Brasilien u. ä. Es empfiehlt sich nicht, ohne diesen Kontakt und die Vereinshilfe in einem fremden Land auf eigene Faust eine Adoption durchzuführen. Das Verfahren läuft auch unterschiedlich ab. Die deutschen Jugendämter stehen Auslandsadoptionen häufig nicht positiv gegenüber. Manchmal muss die im Ausland erfolgte Adoption in Deutschland noch einmal durchgeführt werden. Sie sollten sich vorher möglichst genau informieren. Die Wartezeit für ein ausländisches Kind ist meistens wesentlich geringer. Grundsätzlich gilt: Die Adoption ausländischer Kinder ist nicht leichter als die deutscher Kinder. Auch dafür müssen Sie das Bewerbungsverfahren bei einem deutschen Jugendamt durchlaufen. Nur dann lebt Ihre Familie später auf einer sicheren Rechtsgrundlage. Die Adoption eines ausländischen Kindes kostet häufig 10 000 bis 15 000 € – vor allem durch die Gebühren der deutschen Vermittlungsstellen, Übersetzungs- und Beglaubigungskosten der Urkunden sowie Flug- und Aufenthaltskosten für die Reise in das Adoptivland.
Angebote von ausländischen Rechtsanwälten und Agenturen, die angeblich schnell und unbürokratisch helfen können, sollten Sie

mit äußerster Vorsicht behandeln. Es kann passieren, dass mit Ihren Wünschen und Nöten nur ein Geschäft gemacht wird und Sie viel Geld bezahlen, ohne einen Gegenwert dafür zu erhalten. Es gibt immer wieder Fälle, wo unter Vorspiegelung falscher Tatsachen (die Mutter des Kindes sei verstorben) und mit gefälschten Urkunden ausländische Kinder zur Adoption freigegeben worden sind. Manchmal erst Jahre später sind diese Kinder dann ihren leiblichen Müttern wieder zugeführt worden. Was das für die Kinder, die Mütter und die Adoptiveltern bedeutete, können Sie sich ausmalen.

Ein Adoptivkind anzunehmen, erfordert ein großes Selbstbewusstsein und eine gewisse Risikobereitschaft, da sowohl in der Erziehung des Kindes als auch im Umgang mit der sozialen Umwelt erhöhte Anforderungen an die Adoptiveltern gestellt werden. Dieses gilt für die Annahme eines ausländischen Kindes in besonderem Maße.

Adoption und Pflegschaft bei gleichgeschlechtlichen Lebenspartnerschaften

Neben Paaren können auch Einzelpersonen ein Kind adoptieren. Eine Adoption ist für Schwule und Lesben als Einzelperson also möglich. Die rechtliche Stellung ist allerdings (trotz der Gesetzesinitiative in Deutschland zum Lebenspartnerschaftsgesetz) schlechter als bei heterosexuellen Partnerschaften. Immer noch kann nur eine Person das Sorgerecht für das adoptierte Kind haben, auch wenn ein »kleines« Sorgerecht nach Inkrafttreten des Lebenspartnerschaftsgesetzes gegeben ist. Das heißt dann zum Beispiel, dass bei dem Tod des Partners mit Sorgerecht der andere Partner kein Recht auf den Umgang mit dem gemeinsam erzogenen Kind hat. Das Kind selber müsste als »fremde« Person für die gesamten Erbschaftssteuern aufkommen.

Literaturempfehlungen

Der *Ratgeber Adoptivkinder. Erfahrungen, Hilfen, Perspektiven* von Irmela Wiemann (Rowohlt 1994) wird zur Vorbereitung einer Adoption sehr empfohlen. Von derselben Autorin gibt es auch einen entsprechenden Ratgeber zu Pflegekindern: (*Ratgeber Pflegekinder. Erfahrungen, Hilfen, Perspektiven* (Rowohlt 1994). Gleichermaßen an Betroffene wendet sich der Ratgeber *Handbuch für Pflege- und Adoptiveltern* von Susanne Huber-Nienhaus (Verlag Schulz-Kirchner 1997). Von der erfahrenen Autorin Christine Swientek stammt der Titel: *Was Adoptivkinder wissen sollten und wie man es ihnen sagen kann* (Herder Verlag 1998).

Das von Harald Paulitz herausgegebene Praxishandbuch *Adoption. Positionen – Impulse – Perspektiven* (Verlag C. H. Beck 2000) richtet sich vorwiegend an Adoptionsfachkräfte. Wenn Sie sich über den aktuellen Stand der Adoptionspraxis und deren rechtliche Grundlagen informieren wollen, dann bietet Ihnen dieses Praxishandbuch fundierte Auskunft. Ähnliches gilt für die Bücher: *Wir werden Adoptiv- oder Pflegeeltern. Rechtliche Erfordernisse, Folgen, Vermittlungsverfahren* von Helga Oberloskamp (Beck-DTV 2000) und *Adoption* von Walter Röchling (DTV 2000).

Der Ratgeber von Gesine Lange: *Auslandsadoption. Wissenswertes zu einem aktuellen Thema* (Schulz-Kirchner Verlag 2000) behandelt ausschließlich das Thema Auslandsadoption, dieses aber sehr umfassend und für Laien verständlich geschrieben. Das Buch von Wolfgang Gerts: *Auslandsadoption – das Findbuch* (Kirchturm-Verlag 2001) bietet eine große Literaturliste deutschsprachiger Adoptionsliteratur, Hinweise auf Adoptionsvermittlungsstellen und auf Beratungsstellen für Adoptierende und Adoptierte.

Vom Bundesverband der Pflege- und Adoptivfamilien e. V. wurde 1997 in der 5. Ausgabe das *Handbuch für Pflege- und Adoptiveltern. Ein Führer von A-Z durch psychologische, pädagogische und rechtliche Fragen* herausgegeben. Beim Bayerischen Landesjugendamt ist die Broschüre: *Aufklärung des Kindes über seine Adoption. Eine Hilfe für Eltern* erhältlich.

Zur Aufklärung der Adoptivkinder über ihre Herkunft eignen sich die folgenden zwei Bücher gut: *Das grüne Küken.* von Adele Sansone und Alan Marks (Neugebauer Press 1999) und: *Das Buch über Bubblan, der neue Eltern bekam.* von Catherine Berg und Simone Cederquist (Proprius Förlag, Stockholm 1972, Herausgeber: Terre des Hommes Deutschland).

Internet-Tipps

Sehr viele Hinweise zur Adoption mit Forum, Kontaktanzeigen, persönlichen Erfahrungsberichten und Pressemeldungen erhalten Sie im Internet unter **www.adoption.de.** Außerdem sind die Adressen **http://adoptionen.here.de/** sowie **www.adoption.lu** zu empfehlen. Die Bundeszentralstelle für Auslandsadoptionen hat die Adresse **www.bundeszentralregister.de.** Den deutschen Bundesverband für Eltern ausländischer Adoptivkinder e. V. finden Sie unter **www.bveaa.de**, den entsprechenden Verband in der Schweiz unter **www.saev.ch.** Der Bundesverband österreichischer Pflege-, Adoptiveltern und Tagesmüttervereinigung hat die Adresse **www.adoptivkinder.at.**

Wenn Sie sich mit kritischen Meinungen zur Auslandsadoption auseinandersetzen möchten, schauen Sie auf der Internet-Seite von »terre des hommes« nach (**www.tdh.de**). Diese Organisation war früher jahrelang in der Vermittlung von Auslandsadoptionen tätig, hat aber diese Tätigkeit eingestellt, da nach ihrer Meinung die Nachteile dieser Adoptionsform für die betroffenen Kinder (und deren Eltern) die Vorteile überwiegen. Auf den Internet-Seiten von »terre des hommes« findet sich auch die kritische, mit vielen Fallbeispielen versehene Studie zum Adoptionskinderhandel »Ein Kind um jeden Preis?« von Gisela Wuttke, die Sie sich auf Ihren PC herunterladen können.

10 *Die Kommunikation mit Außenstehenden*

»Das ist eigentlich das, was mir zwischendurch am meisten an der Sache zu schaffen macht: ›Lass Dich doch scheiden‹, ›Ihr könnt es eben nicht‹, ›Du wolltest doch immer vier Kinder‹, ›Bei uns hat es direkt geklappt‹, ›So ohne Kinder kann man super mit dem Motorrad rumfahren‹, usw. (...) Die gängige Meinung ist auch die des Mittelalters, dass Kinderlosigkeit grundsätzlich bei der Frau die Ursache hat. Mein Mann wurde nie blöd angelabert und konnte anfangs gar nicht verstehen, wovon ich rede. Naja, es ist oft nicht leicht. Mittlerweile rechne ich grundsätzlich mit einem blöden Spruch und habe auch knackige Gegenfragen, weil mir aufgefallen war, dass hauptsächlich Leute fies sind, die mit ihrer eigenen Situation unglücklich sind.«
(N. im Mai 2000 in einem Internet-Forum)
»Auf der einen Seite versuchen wir, ›es‹ vor unseren Freunden und Bekannten geheimzuhalten, weil ›Nicht-schwanger-werden-können-auf-normalem-Weg‹ immer noch von vielen als nicht-normal angesehen wird. Auf der anderen Seite aber wünschen wir uns Verständnis von anderen für unsere Situation, Stimmung, Laune, Desinteresse an den Kindern anderer (weil es einfach zu weh tut). Die Entscheidung, was man wem sagt und wie viel (bis ins Detail: sprich: wie das ist, wenn man künstlich in die Wechseljahre versetzt wird, sich spritzen muss usw.) liegt bei jedem selber. Wir haben durchweg positive Erfahrungen gemacht. Einige wenige sehr gute Freunde wissen Bescheid und nehmen es auch nicht krumm, wenn wir mal sagen: heute nicht, es geht uns nicht so gut (...). Ich denke, guten Freunden sollte

man – nach reiflicher Überlegung natürlich – davon erzählen. Die meisten halten zu einem und ›leiden‹ mit. Und die, die kein Verständnis haben – sind das gute Freunde?????«
(B. im November 2000 in einem Internet-Forum)

Indiskrete Fragen und »gutgemeinte« Ratschläge

Sie sollten sich von Anfang an Gedanken darüber machen, welche »Öffentlichkeitspolitik« Sie vertreten wollen. Das Gespräch miteinander spielt dabei eine entscheidende Rolle. Manchmal gibt es sehr unterschiedliche Bedürfnisse bei Mann und Frau. Dies hängt auch häufig davon ab, ob die Ursache der Fruchtbarkeitsstörung bekannt ist oder nicht. Männer haben in der Regel die größeren Schwierigkeiten damit, dass ihre Fruchtbarkeitsstörung bekannt wird. Frauen haben meist die größere Routine, über gynäkologische Fragen zu sprechen und nehmen insgesamt bereitwilliger die »Schuld« auf sich. Wappnen Sie sich gegen indiskrete Fragen und sogenannte gutgemeinte Ratschläge. Beachten Sie dabei aber auch, dass Sie sich in einer äußerst sensiblen Phase befinden, die Sie verletzlicher als sonst macht. Oft sind die Äußerungen von Außenstehenden unbedacht und tatsächlich in bester Absicht gesagt. Reagieren Sie dann gekränkt oder gereizt, erscheint das als unangemessene Reaktion. Im Extremfall kann dies das *Gefühl* einer zunehmenden sozialen Isolation zu einer realen werden lassen. Gleichzeitig sollten Sie wissen, dass immer Situationen auftreten werden, mit denen Sie nicht rechnen können, die Sie in ihrem Innersten treffen und die Sie sprachlos machen. Ein perfektes Management der Kinderlosigkeit wird es nicht geben und dies soll durch diesen Ratgeber auch nicht vermittelt werden.
Die folgende Auflistung soll Ihnen ein paar Ideen bieten, wie Sie mit häufigen Aussagen umgehen können. Wesentlich ist jedoch, dass Sie ihren eigenen Umgang damit finden. Denn nicht alle Antworten, die Sie hier finden, sind für jedes Paar die richtigen. Sie sollen lediglich Anregungen für Ihre eigenen sein.

- ***»Fahrt in Urlaub und entspannt euch! Ihr habt zu viel Stress, da will kein Kind sein.«***

Dies ist der Spitzenreiter unserer Hitliste. Meist bekommen Paare diesen Ratschlag, wenn sie dies selbst schon zigmal ohne Erfolg ausprobiert haben. Außerdem enthält er eine paradoxe Aufforderung, denn niemand kann sich *zwingen,* sich zu entspannen. Schwierig ist er auch für Paare, bei denen eine eindeutige Diagnose vorliegt. Sofort geraten sie unter Zugzwang, zu entscheiden, ob sie diese Information preisgeben sollen oder nicht.
Folgende Antworten von Paaren haben sich bisher bewährt:
»Wir werden uns anstrengen!«
»Wenn nur in entspannten, stressfreien Situationen Kinder gezeugt werden würden, wäre die Menschheit am Aussterben.«

- ***»Ihr müsst euch nur zur Adoption entschließen, dann wird es schon klappen.«***

Auch wenn viele Ärzte von solchen Fällen berichten, so lässt sich dieser Effekt wissenschaftlich nicht belegen. Außerdem geht diese Aussage davon aus, dass alle Fälle ungewollter Kinderlosigkeit psychisch bedingt sind, was so nicht zutrifft. Also:
»Das ist ein Mythos, der sich nur halten kann, weil einige Paare auch nach langer Zeit der Kinderlosigkeit plötzlich spontan schwanger werden. Mit und ohne Adoption. Falls dies mit einem Adoptionsantrag zusammenfällt, so ist das wahrscheinlich eher Zufall. Insgesamt suchen Menschen immer nach Erklärungen für Ereignisse, die nicht erklärbar sind.«

- ***»Ihr wollt wohl auf euer angenehmes Leben nicht verzichten?«***

Diese Aussage ist meist besonders bitter, weil viele Paare erhebliche Anstrengungen zur Erfüllung ihres Kinderwunsches auf sich nehmen und liebend gerne auf vieles verzichten würden, wenn sie dafür ein Kind bekommen könnten. Mit dieser Aussage ist auch deshalb nicht so einfach umzugehen, weil sie genauso wie die nächste aus einem aggressiven Impuls heraus zu begründen ist.

In diesem Fall kann die Wahrheit sehr entwaffnend sein: »*Wir würden liebend gerne auf einiges verzichten, wenn wir dadurch ein Kind bekommen würden.*«
Auch hier hängt natürlich viel davon ab, wie ihre Beziehung zu der betreffenden Person ist. Deshalb kann es auch hilfreich sein, sich einfach schweigend abzuwenden. Dies trifft auch für die meisten anderen Aussagen zu. Die wenigsten Menschen geht ihre Familienplanung wirklich etwas an.

- **»*Ihr entzieht euch eurer gesellschaftlichen Verantwortung.*«**

Antwort: »*Das ist sicher ein gewichtiger Grund, um Kinder in die Welt zu setzen.*«

- **»*Vielleicht solltest du dir einen anderen Partner suchen?*«**

Das kann auch ein Schlag unter die Gürtellinie sein, denn es ist ein Angriff auf ihre intimste Beziehung. Besonders dann, wenn Sie in dem Moment selbst stark an sich und ihrer Partnerschaft zweifeln. Oder wenn es tatsächlich so ist, dass Sie allem Anschein nach gesund sind und bei ihrem Partner eine besonders schwerwiegende Diagnose festgestellt wurde. Hier ist es besonders wichtig, dass Sie in gutem Kontakt mit den positiven Seiten ihrer Partnerschaft sind. Dann wird es Ihnen leicht fallen, selbstbewusst zu sagen: »*Ich will aber keine(n) andere(n). Wenn es so sein soll, werden wir es gemeinsam schaffen, ohne Kind miteinander glücklich zu sein.*«

- **»*Es könnte sonst vielleicht ein behindertes Kind geben.*«**

Diese Aussage kann für Paare nach einer Fehlgeburt oder nach einer gescheiterten künstlichen Befruchtung tröstlich sein. Für andere kann es den eigenen Selbstwert noch mehr untergraben, da ihnen kein gesundes Kind zugetraut wird. In diesem Fall sollten Sie es auch so ausdrücken: »*Das ist kein Trost für mich.*«

- **»*Ihr habt zu lange an euch gedacht, das kommt von zu viel Planung im Leben. Jetzt tickt eben die biologische Uhr immer schneller.*«**

Eine Variante dieser Aussage, dass man der Natur nicht ihren Lauf lässt, kommt sehr treffend in folgendem Dialog aus dem empfehlenswerten Roman *Ein Morgen am Meer* zum Ausdruck. Saras Schwiegermutter verkündet ihre Meinung in Bezug auf Saras Schwierigkeiten, schwanger zu werden:

»... wenn du doch bloß aufhören würdest zu arbeiten. Ich bin ganz sicher, dass du dann schwanger werden würdest. Es ist *unnatürlich,* dass eine Frau so hart arbeitet wie du. (...) Es geht um deine Einstellung. Wofür dein *Herz* wirklich schlägt. Sara, um ehrlich zu sein, ich bin mir nicht sicher, ob du dir wirklich ein Baby wünschst. Ich fürchte, dass du dich im tiefsten Herzensgrund davor fürchtest, ein Kind zu bekommen, weil sich das mit deiner Arbeit, die in deinem Leben eine so große Rolle spielt, nicht vereinbaren ließe.« (...)
»Ich kann dir nicht sagen, wie sehr ich mir ein Baby wünsche.« »Dann solltest du deine Arbeit aufgeben und dich wie eine richtige Ehefrau, wie eine richtige Frau verhalten« sagte Caroline. »Wenn du so weiterleben willst wie bisher, halb Frau, halb Mann, dann wirst du natürlich nie schwanger werden« (aus: Nancy Thayer *Ein Morgen am Meer*. Econ & List 1990, S. 208 ff).

Dieser Dialog ist für Sara deshalb auch so niederschmetternd, weil er die vorab eigentlich gute Beziehung zu ihrer Schwiegermutter zerstört. Solche Aussagen implizieren nämlich eine gewisse Feindseligkeit, die jeden Menschen besonders trifft, wenn sie von einer Person gemacht werden, von der er/sie mehr Wohlwollen erwartet hätte. Auch dem Hinterfragen der Kinderwunschmotivation ist nur schwer zu begegnen.
»Andere planen bzw. arbeiten auch und bekommen trotzdem ihre Kinder.«
»Ich weiß durchaus, dass ich mit jedem Jahr, das ich älter werde, schlechtere Chancen habe, ein Kind zu bekommen. Aber wir hatten gute Gründe, uns erst mal verstärkt unserem Beruf zu widmen. Es ist ungerecht, dass dies Frauen immer vorgeworfen wird, obwohl heutzutage von jeder Frau erwartet wird, dass sie sich selbst ernähren kann.«

Männer müssen sich manchmal eine besonders kränkende Variante von anderen Männern anhören:

- ***»Soll ich mal zu dir nach Hause kommen und nachhelfen? Da muss ein richtiger Mann ran.«***

Böse Fragen verdienen eine böse Antwort: *»Es wäre uns schon wichtig, ein einigermaßen intelligentes Kind mit Charakter zu bekommen.«*

- ***»Es liegt am Kopf. Ein Kinderwunsch sollte nicht so verbissen sein. Kinder kommen, wenn man nicht daran denkt!«***

Diese Aussage ist in ihrer Pauschalität Unsinn! Wir wissen heute, dass in weit über 80 % der Fälle organische Ursachen einer Fruchtbarkeitsstörung zugrunde liegen, die in vielen Fällen erfolgreich behandelt werden kann. Also, wie Sie vielleicht schon bemerkt haben, ist ein wesentlicher Rat, möglichst nicht seinen Humor zu verlieren: *»Oh, meine Mutter hat mir immer gesagt, dass es besonders verwerflich ist, Kinder gedankenlos in die Welt zu setzen.«*

- ***»Seid doch froh, so bleiben euch auch viele Sorgen erspart.«***

Eine gute Strategie ist es, dem »Ratgeber« erst mal Recht zu geben und dann aber deutlich die eigene Meinung zu vermitteln. *»Das ist sicher richtig, auf der anderen Seite müssen wir aber auch auf viel Freude verzichten.«*

- ***»Wenn es unbedingt sein muss, könnt ihr ja auch ein Kind adoptieren. Es gibt so viele bedürftige Kinder auf der Welt.«***

Adoption ist keine Alternative zum eigenen Kind! Adoption ist ein ganz eigener Weg der Familiengründung, der auch eine besondere Bereitschaft der Eltern für diese besondere Lebensaufgabe benötigt. Bei der Antwort auf diese Feststellung spielt natürlich ihre Einstellung zur Adoption eine entscheidende Rolle. Unangenehm ist sie, wenn für Sie eine Adoption nicht in Frage kommt und Sie gleichzeitig das Gefühl haben, sich rechtfertigen zu müssen.
Vorschlag: *»Unser Wunsch ist ein gemeinsames Kind und bisher haben wir auch noch nicht die Hoffnung aufgegeben, dass es uns gelingen könnte.«*

- »***Habt ihr keine Angst, dass eure Ehe wegen der Kinderlosigkeit zerbricht? Ohne Kinder fehlt doch das Gemeinsame in der Partnerschaft, das zusammenhält.***«

Kinder sind oft eine starke Belastungsprobe für eine Ehe. Paare ohne Kinder können sich viel bewusster für ein gemeinsames Leben entscheiden, da sie sich nicht wegen Kindern aneinander gekettet fühlen.

»*Es scheitern mehr Ehen mit Kindern als Ehen ohne Kinder.*«

Wie soll ich mich als Außenstehender (Angehöriger/ Freundin/Freund) einem Paar mit Kinderwunsch gegenüber verhalten?

Jedes Paar mit Kinderwunsch sucht seinen eigenen Weg, wie offen es mit seiner Situation umgehen möchte. Im Lauf der Zeit wird sich diese Haltung auch ändern. Für Sie als Angehörigen bzw. Freund ist es auf alle Fälle sinnvoll, immer wieder Ihre Gesprächsbereitschaft zu signalisieren, ohne sich dem Paar aufzudrängen. Sie sollten ungewollte Kinderlosigkeit als das ansehen, was es ist: Eine Situation, die etliche Paare unerwartet trifft, die sich häufig zu einem zentralen Lebensproblem mit starken begleitenden Gefühlen entwickelt und für die es viele Behandlungsmöglichkeiten gibt, welche aber nicht notwendigerweise zu einem erfüllten Kinderwunsch führen. Obwohl ungewollte Kinderlosigkeit häufig mit Scham- und Schuldgefühlen verknüpft ist, gibt es für Sie keinerlei Gründe, diese Situation zu tabuisieren. Ein offener, nicht wertender Umgang von ihrer Seite ist in den meisten Fällen förderlich. Ein Kinderwunschpaar braucht Anteilnahme, kein dramatisierendes »Mitleid«, aber auch keine entwertenden bagatellisierenden Stellungnahmen ihrerseits. Sie sollten über die Thematik informiert sein, beispielsweise über die von uns empfohlenen Ratgeber zu den medizinischen Aspekten bei Fruchtbarkeitsstörungen (siehe Kapitel 1). Sie sollten auch wissen, mit welchen gefühlsmäßigen Reaktionen Sie von Seiten des Paares zu rechnen haben und sollten diese nicht zu persönlich nehmen (siehe Kapitel 2). Verfallen Sie nicht in übertriebenen Aktionismus, indem Sie das Paar mit immer neuen Behandlungsideen »versorgen«. Lassen Sie sich nicht von der Ohnmacht und hilflosen Verzweiflung anstecken: Jedes Paar hat die Chance, diese Krisensituation zu überwinden.

Wie soll ich mich während einer fortpflanzungsmedizinischen Behandlung gegenüber dem Arbeitgeber verhalten?

Diese Frage wird in erster Linie von Frauen gestellt, da Männer während der Behandlung nur selten den Arzt aufsuchen müssen. Für Frauen bedeutet die Behandlung häufig einen enormen zeitlichen Aufwand, der zudem zyklusabhängig und damit nicht genau vorhersehbar ist. Ein Arztbesuch wegen Kinderwunsches ist nicht anders zu sehen als jeder andere notwendige Arztbesuch. Insofern kann Ihnen der Arbeitgeber da keinen Stein in den Weg legen. Werden Sie bei Antritt einer neuen Arbeitsstelle nach Ihrem Kinderwunsch befragt, können Sie die Frage so beantworten, wie es Ihnen günstig erscheint. Sie sind nicht verpflichtet die ganze Wahrheit auf den Tisch zu legen. Wenn Sie nach dem Grund Ihrer häufigen Arztbesuche gefragt werden, dann können Sie Ihrem (meist männlichen) Arbeitgeber etwas von »Unterleibsgeschichten« oder »Zysten« erzählen – das beugt späterem Nachfragen in vielen Fällen vor. Es kommt allerdings auch vor, dass Arbeitgeber Verständnis für den Kinderwunsch haben. In diesem Fall ist es sicher besser, offen zu sein, damit Sie sich mit »halben« Lügen nicht noch zusätzlich unter Druck setzen. Inwieweit Sie mit Kolleginnen dieses Thema besprechen können, müssen Sie selber abschätzen. Im Allgemeinen findet sich immer mindestens eine Kollegin, die mit Verständnis und Anteilnahme reagiert, die Ihnen bei Arztterminen vertretungsweise entgegenkommt und das Ganze nicht in die Öffentlichkeit trägt.

Internet-Tipps

Ein nützliches *Faltblatt für Freunde und Verwandte* zum Thema Unfruchtbarkeit finden Sie unter **www.icsi.ws**.

11 Leitfaden für einen hilfreichen Umgang mit dem unerfüllten Kinderwunsch

16 Verhaltensratschläge für einen konstruktiven Umgang mit dem unerfüllten Kinderwunsch

- **Akzeptieren Sie Ihre Schwierigkeiten im Erreichen einer Schwangerschaft und die damit auftretenden Gefühle.**

Vielen Paaren fällt es lange schwer zu akzeptieren, dass sie Probleme mit dem Schwangerwerden haben. Gehen sie dann zum Arzt, erwarten sie eine schnelle medizinische Lösung, weil sie es sich überhaupt nicht vorstellen können, dass sie von einer Fruchtbarkeitsstörung betroffen sind. Bisher nicht gekannte Gefühle wie Reizbarkeit, Neid, Wut, Hilflosigkeit und Traurigkeit steigern die Irritation.
Auch wenn es am Anfang von intensiveren Bemühungen um eine Schwangerschaft etwas paradox erscheint, sprechen Sie mit ihrem Partner über die Möglichkeit, ohne eigenes Kind zu bleiben. Dies kann ein Grundstein dafür sein, die vielen eventuell auftretenden Krisen im Verlauf einer Kinderwunschbehandlung besser zu bewältigen.

- **Suchen Sie umfassende Informationen und eine Frauenärztin bzw. einen Frauenarzt ihres Vertrauens.**

Dies ist ein Schritt, um der Verwirrung zu begegnen. Bereiten Sie sich gut auf die Arztbesuche vor und nutzen Sie dafür die Fragen, die wir im 2. Kapitel vorgeschlagen haben.
Nehmen Sie sich Zeit zu entscheiden, ob Sie bei der für Sie richtigen in Reproduktionsmedizin erfahrenen Person in Behandlung sind. Im Rahmen einer Kinderwunschbehandlung müssen Sie über sehr intime Details von sich und ihrer Partnerschaft sprechen. Das sollten Sie nur in einer vertrauensvollen Atmosphäre tun. Sie müssen das Gefühl haben, dass Sie jede Frage stellen können, die Sie bewegt, auch wenn Sie Ihnen etwas peinlich erscheint.

- **Setzen Sie Grenzen!**

Als Paar sollten Sie sich von Anfang an über ihre persönlichen Grenzen in Bezug auf die medizinischen Behandlungen unterhalten. Das bedeutet nicht, dass Sie sich festlegen sollten, aber solche Vorgaben fördern die bewusste Auseinandersetzung darüber, was Sie zur Erfüllung ihres Wunsches auf sich nehmen wollen. Stoßen Sie an eine vorab festgelegte Grenze und es wird Ihnen z. B. von ärztlicher Seite nahegelegt, doch noch mit einem anderen Behandlungsverfahren fortzufahren, haben Sie Gelegenheit sich an ihre früheren Argumente zu erinnern und gemeinsam zu überlegen, welche Argumente nun für die Fortführung der Behandlung sprechen. Dieses Vorgehen kann verhindern, in den spielsuchtähnlichen Handlungsdruck zu verfallen (»Nur noch einen Versuch!«). Häufig bedeutet es auch eine seelische Entlastung, zu wissen, dass die ganzen Anstrengungen ein Ende haben werden.
Eine Variante davon ist, zu überlegen, ob eine Intervallbehandlung für Sie vorstellbar ist, in der Sie jedem Behandlungszyklus bewusst einen oder zwei Zyklen folgen lassen, in denen Sie mit der Behandlung aussetzen.
Hilfreich kann es auch sein, sich in Ruhe zu überlegen, woran Sie feststellen würden, dass Ihre Grenze bezüglich der medizinischen Behandlung erreicht ist.
Grenzen sollten Sie jedoch auch gegenüber Außenstehenden ziehen, die Fragen stellen und Ratschläge geben, die Sie nicht beantworten bzw. nicht hören wollen. Einem Familienfest fernzublei-

ben, weil die Teilnahme aufgrund ihrer aktuellen Traurigkeit und Verzweiflung kaum zu ertragen wäre, ist eine Grenze zu ihrem persönlichen Schutz, die Sie sich gestatten sollten. Machen Sie es sich klar, dass es Ihnen so oder so im Leben kaum gelingen dürfte, es immer allen (Verwandten) Recht zu machen.

- **Setzen Sie auch Ihrem Wunschkind Grenzen.**

Vereinbaren Sie miteinander Zeiten, in denen Sie über Ihren Kinderwunsch sprechen. Und vereinbaren Sie Zeiten, in denen Sie *nicht* darüber sprechen. Eltern brauchen kinderfreie Zeiten, genauso steht es auch Wunscheltern zu. Wenn Ihr Kind soviel Raum und Zeit einnehmen würde wie jetzt Ihr Kinderwunsch: Wie würden Sie sich dann verhalten?

- **Befreien Sie sich von Schuldgefühlen.**

Schuldzuweisungen verankern die Paare in der Vergangenheit, die sich nicht mehr verändern lässt. Sie verunmöglichen den Blick in eine Zukunft, die das Leiden an dem unerfüllten Kinderwunsch hinter sich lässt. Gleichzeitig geben sie aber auch Halt, weil sie uns die Verantwortung für die Gegenwart abnehmen. Falls konkrete Schuldzuweisungen aufgrund vorangegangener Abtreibungen, Fehlgeburten oder einem einseitigen Wunsch, mit der Realisierung des Kinderwunsches zu warten, vorhanden sind, können Rituale des Verzeihens eine hilfreiche Rolle spielen.

- **Lassen Sie Ihre Trauer über die zahlreichen Verluste zu.**

Jedes Mal, wenn die Monatsblutung wieder eintritt, erlebt ein Paar den Verlust der Möglichkeit einer Schwangerschaft. Jedes Mal, wenn in Ihrem sozialen Umfeld ein gesundes Kind geboren wird, erleben Sie sich vielleicht ausgeschlossen. Für Paare mit unerfülltem Kinderwunsch gibt es viele schmerzhafte Momente im Verlauf ihres Bemühens um ein eigenes Kind. Wenn Sie zu stark versuchen, ihre Trauer zu unterdrücken, kehrt sie meist in einem anderen Gewande wieder, z. B. indem Sie sich planlos auf die nächste Behandlung stürzen, ohne genau zu überlegen, ob im Moment der richtige Zeitpunkt dafür ist oder Sie ständig miteinander in Streit geraten, ohne genau zu wissen warum. Lassen Sie sich nicht irritieren von Aussagen Außenstehender, ihre Trauer, vielleicht sogar nach einer Fehlgeburt, sei nicht angemessen. Nichtbetroffene können Ihr seelisches Leid einfach nicht immer nachvollziehen.

- **Gefühle wie Neid und Ärger auf Schwangere sind in Ihrer Situation völlig verständlich.**

Viele Paare mit Kinderwunsch entdecken bei sich im Verlauf der Behandlungen, dass sie auf Meldungen über Schwangerschaften bei Kolleginnen, Freundinnen oder in der Verwandtschaft nicht so reagieren, wie sie es sich vorgenommen hatten: »Als meine Schwester mir am Telefon aufgeregt von dem positiven Schwangerschaftstest erzählte, konnte ich mich nicht mit ihr freuen. Da ich meine Schwester aber gerne mag, habe ich ihr dann doch herzlich gratuliert«. Wenn Sie schon monate- oder jahrelang mit der Erfüllung Ihres Kinderwunsches befasst sind, können Sie damit rechnen, dass Sie sogenannte »negative« Gefühle wie Neid, Ärger, ja sogar Wut auf Schwangere bei sich wahrnehmen. Erlauben Sie sich diese Gefühle! Auch wenn Sie es womöglich lieber hätten, dass Sie sich mitfreuen könnten, die Gefühle sind trotzdem da und wollen beachtet werden. Oft wird es natürlich nicht sinnvoll sein, diesen Gefühlen freien Lauf zu lassen. Befreiend kann es aber sein, wenn Sie als Paar sich darüber austauschen und gegebenenfalls über die erlebte »Ungerechtigkeit« schimpfen. Dann können Sie die nächste Begegnung womöglich unverkrampfter gestalten.

- **Schließen Sie Freundschaft mit Ihrem Körper.**

Viele Betroffene erleben einen starken Selbsthass, der sich auch gegen den eigenen Körper richtet. Versuchen Sie, möglichst viele positive Körpererfahrungen zu machen. Nehmen Sie frühere sportliche Tätigkeiten wieder auf oder wagen Sie neue. Regelmäßige Bewegung wirkt antidepressiv! Probieren Sie verschiedene Entspannungsverfahren aus. Machen Sie sich Gedanken über Ihre Ernährungsweisen. Überprüfen Sie auch Ihre sonstigen Lebensgewohnheiten darauf, ob Sie Ihnen ein positives Körpergefühl vermitteln. Versuchen Sie, sowohl jeder für sich als auch als Paar neue Wege zu gehen.

Im Alltag sollten Sie sich »Auszeiten« nehmen, um regelmäßig in Kommunikation mit ihrem Körper zu treten. Als Frau können Sie bei diesem inneren Dialog »ihre Gebärmutter« fragen, was sie von ihren aktuellen Arbeitsvorhaben hält. Wird sie die zusätzlichen Anstrengungen empfängnisbereiter machen? Als Mann können Sie sich fragen, ob die zur Zeit in Kauf genommenen Überstunden für ihre Spermienproduktion günstig sind? Und werden Sie nach dieser anstrengenden Woche noch viel Lust haben, ein Kind zu zeugen? Bei diesen Überlegungen geht es darum, *chronische* Stressoren zu identifizieren, die ihre Fruchtbarkeit beeinträchtigen können.

- **Genießen Sie das Leben jetzt.**

Die medizinische Behandlung ist belastend und anstrengend genug, da sollten Sie sich bewusst verwöhnen und sich verwöhnen lassen. Verschieben Sie Ihre Pläne nicht auf die Zeit, wenn Sie die medizinische Behandlung – erfolgreich oder erfolglos – abgeschlossen haben. Leben Sie hier und heute!

- **Suchen Sie Hilfe im Gespräch miteinander und mit Außenstehenden.**

Es ist eine große Gefahr für den Zusammenhalt der Partnerschaft, wenn mit der Dauer des unerfüllten Kinderwunsches das Gespräch über dieses Thema gemieden wird. Meist um den Partner zu schonen, damit keine verzweifelten Gefühle hochkommen, oder weil man glaubt, sich nur noch im Kreis zu drehen. Diese Strategie kann sogar eine Zeitlang richtig sein, solange sie nicht zu einer Tabuisierung des Themas führt. In diesem Falle kann eher eine schleichende Entfremdung zwischen den Partnern stattfinden, die zu noch mehr Einsamkeitsgefühlen führt. Gegenüber der Familie und Freunden sollte die Entscheidung, mit wem wie viel über das Thema Kinderlosigkeit gesprochen wird, sorgfältig von Ihnen abgewogen werden. Aber auch hier gilt, je größer die Angst vor Entdeckung der eigenen Probleme, umso wichtiger ist es, einen gemeinsamen Weg der Informationspolitik zu entwickeln, da sonst die Gefahr besteht, dass gesellige Ereignisse gemieden werden und das Gefühl der sozialen Isolation noch verstärkt werden kann. Darüber hinaus erleben es viele

Paare als große Erleichterung, wenn ihr Problem endlich ausgesprochen ist, und sind häufig überrascht, wie einfühlend ein Teil ihrer Umwelt reagiert.

- **Erneuern Sie Ihre Entscheidung für Ihre Partnerschaft.**

Wenn bei einem Partner eindeutig die Ursache der Fruchtbarkeitsstörung festgestellt wurde oder wenn ein Partner diese bei sich vermutet, bestehen oft Ängste, der vermeintlich gesunde Partner könnte sich deshalb trennen oder zumindest würde er die Beziehung unter den jetzt bekannten Umständen nicht mehr eingehen. Verschaffen Sie sich an diesem Punkt Klarheit. Sprechen Sie miteinander offen über diese Fantasien, damit diese Sie nicht womöglich im Hintergrund dominieren.

Ein Ritual, bei dem Sie sich gegenseitig noch mal unter den neuen Bedingungen füreinander entscheiden, kann eine wichtige emotionale Rückendeckung für zukünftige Krisensituationen sein. Verheiratete Paare können ihren Hochzeitstag dazu nutzen, sich ein neues Eheversprechen zu geben, auch wenn ein wichtiges bisheriges Ziel nicht erreicht werden konnte und neue an diese Stelle treten müssen. Folgende Fragen können zur Vorbereitung eines solchen Rituals hilfreich sein:

Warum haben wir uns ineinander verliebt? Was hat uns aneinander gefallen? Wie haben wir uns die gemeinsame Zukunft vorgestellt? Hatte Elternschaft für uns ursprünglich eine solch zentrale Bedeutung?

In den Antworten zu diesen Fragen können Sie die Stärken Ihrer Beziehung wieder entdecken, die den Zusammenhalt Ihrer Partnerschaft fördern.

- **Gestalten Sie den »Behandlungsalltag«.**

Viele Paare spüren erst mal nicht, wie sehr sie die reproduktionsmedizinische Behandlung selbst belastet. Sie meinen, das Ganze so nebenbei erledigen zu können. Wenn dann der Mann beim Embryotransfer nicht dabei ist oder gleich nach der Insemination auf Geschäftsreise muss, kann es bei der Frau ganz unerwartet zu einem Anfall von Einsamkeit und Verzweiflung kommen, obwohl vorher alles so abgesprochen war. Achten Sie sorgfältig auf ihre seelischen Bedürfnisse. Die meisten Frauen brauchen den konkreten (körperlichen) Halt ihres Mannes in dieser aufwühlenden Zeit. Planen Sie daher jeden Behandlungsschritt sorgfältig gemeinsam.

- **Nutzen Sie vorhandene Hilfsangebote.**

Es besteht eine große Scheu bei Paaren mit unerfülltem Kinderwunsch, Hilfe außerhalb des Freundes- und Familienkreises in Anspruch zu nehmen. Sie bewerten ihre Kinderlosigkeit als nicht »schlimm genug« oder sie haben Angst vor Pathologisierung und Stigmatisierung (s. o.). Es gibt leider auch nicht viele auf diese Problematik spezialisierte Therapeuten oder Institutionen. Selbsthilfegruppen sind für viele ein akzeptables Angebot, falls solche in erreichbarer Nähe stattfinden. Wir empfehlen generell, dass jedes Paar an unterschiedlichen Stellen des Behandlungsverlaufes prüfen sollte, was zur jeweiligen Zeit eine geeignete Hilfe sein könnte. Für religiöse Menschen kann das ein Seelsorger sein, der Sie begleitet. Manchmal helfen auch Bücher, die sich mit ähnlichen Schicksalen auseinandersetzen, sich nicht alleine mit dem Problem zu fühlen. Zur Zeit ist das Internet eine hervorragende Möglichkeit, sich über unterschiedliche Hilfsangebote im Rahmen des unerfüllten Kinderwunsches zu informieren. Dort gibt es Gesprächsforen von Betroffenen, die Selbsthilfeverbände sind gut präsentiert und auch die meisten medizinischen Informationen lassen sich mühelos finden.

- **Beziehen Sie Kinder in Ihr Leben ein.**

Eine eher negative Entwicklung im Umgang mit der Kinderlosigkeit kann das generelle Vermeiden des Umgangs mit Kindern sein, auch wenn dies für eine befristete Zeit sinnvoll sein kann. Langfristig führt dies jedoch häufig zu einer inneren Verhärtung, die sich auch auf andere Lebensbereiche auswirken kann. Es gibt keinen Grund, warum sich kinderlose Paare nicht an der Gegenwart von Kindern erfreuen sollten. Sie können eine Tanten- und Onkelfunktion für Ihnen nahestehende Kinder intensivieren und ihnen bei bestimmten Aktivitäten, für die die Eltern keine Zeit oder Lust haben, zur Verfügung stehen. Kinder brauchen unterschiedliche Bezugspersonen in ihrem Leben. Erwachsene außerhalb der Kernfamilie können einem Kind etwas geben, das es von niemand anderem erhält. Die anspruchsvolle Aufgabe dabei ist, nicht in Konkurrenz zu den Eltern zu treten und die Rolle der Eltern ausreichend zu würdigen. Sie können sich auch überlegen, für ein Kind eine Patenschaft zu übernehmen.

- **Nutzen Sie die Vorteile eines »kinderfreien« Lebens.**

Viele Autoren betonen den Unterschied zwischen den Begriffen »kinderlos« und »kinderfrei«, der starke Rückwirkungen auf das Erleben haben kann. Kinderlose Paare empfinden es meist als Kränkung, wenn sie auf die Vorteile eines Lebens ohne Kind hingewiesen werden, da sie auf sehr viele Annehmlichkeiten ihres Lebens gerne verzichten würden, wenn sie dafür ein Kind bekämen. Das führt dann dazu, dass sie es nicht wagen, sich selbst diese Vorteile einzugestehen und zu genießen. Diese Freiheit bewusst zu nutzen, kann ein wichtiger Schritt für das Paar sein, die Trauer über seine Kinderlosigkeit zu überwinden. Das Paar kann dann eine intensivere Beziehung zueinander, aber auch zu anderen Erwachsenen pflegen. Beide haben mehr Raum für spontane Entscheidungen und größere Möglichkeiten zu individueller Selbstentfaltung. Sie können sich Ihrem Leben als Gesamtkunstwerk widmen. Sie müssen Urlaub und Freizeit nicht kindgerecht planen, seien es die klimatischen Verhältnisse für den Säugling, das Betreuungsangebot für das Kleinkind oder die Disko für den Jugendlichen. Sie haben die Freiheit, solche Freizeit- und Urlaubsangebote zu vermeiden. Außerdem bleiben Ihnen auch einige Belastungen – nicht nur finanzieller Art – die Kinder mit sich bringen, erspart.

- **Machen Sie sich auf die Suche nach Ihrem eigenen Weg zu weiblicher und männlicher Ganzheit.**

Elternschaft ist eine zentrale Möglichkeit, Weiblichkeit und Männlichkeit zu erleben. Deshalb wird das Erkennen, dass Mutterschaft und Vaterschaft im eigenen Leben keine Rolle spielen werden, von vielen Paaren als erheblicher Mangel ihrer weiblichen und männlichen Identität erfahren.

Mütterliche und väterliche Fähigkeiten können auch an anderen »Projekten« als dem eigenen Kind weiterentwickelt und ausgelebt werden. Zentral ist natürlich die Frage, ob das ein Paar überhaupt will. Manche Paare entscheiden sich dafür, ihre beruflichen Wünsche weiterzuentwickeln oder Träume zu verwirklichen, die mit eigenen Kindern nicht durchführbar gewesen wären. Häufig sind es die Frauen, die sich eine Aufgabe suchen, um ihre fürsorglichen Seiten bedürftigen Kindern zu widmen. Sie engagieren sich vielleicht im Kinderschutzbund oder übernehmen Tantenfunktion bei Kindern, deren Eltern wenig Zeit für ihre Kinder erübrigen können. Manchmal findet auch das Paar ein gemeinsames Projekt. So begann ein Paar, das sich bei uns in Paartherapie befand, ein Jugendprojekt ihrer Gemeinde zu unterstützen, was ihnen viel Freude bereitete.

Nutzen Sie Ihre persönlichen Gestaltungsräume nicht nur nach außen, sondern auch nach innen. Entscheidend ist letztendlich die *eigene* Bewertung Ihrer Person. Wenn Sie vielleicht auf die Verwirklichung dieses wesentlichen Lebensziels verzichten müssen, bedeutet dies nicht zwangsläufig, sich als Frau oder Mann als Versager fühlen zu müssen! Machen Sie sich auf die Suche nach weiblichen und männlichen Vorbildern, die ein kinderloses Leben führen, welches sie bejahenswert finden.

Leitfaden zur Sexualität bei unerfülltem Kinderwunsch

> *»Früher dachte ich, ich strotze nur so vor Potenz, aber seit wir in Kinderwunschbehandlung sind, stoße ich wirklich an meine Grenzen.«*
> *(Herr A. in der Kinderwunschberatung)*

Die gemeinsame Sexualität ist die intimste und exklusivste Begegnung in einer Paarbeziehung. In unserer leistungsorientierten Gesellschaft ist die Sexualität eines Paares häufig von vielen Ansprüchen und überzogenen Idealen überfrachtet. Dies führt dazu, dass allgemein immer stärker über sexuelle Lustlosigkeit geklagt wird, gerade in langfristigen und auch in glücklichen Partnerschaften. Paare mit unerfülltem Kinderwunsch erleben noch den zusätzlichen Druck, Geschlechtsverkehr nach Termin haben zu müssen, manchmal noch mit dem ärztlichen Rat vorher Karenztage einzuhalten, also nicht miteinander zu schlafen. Gleichzeitig besteht der verständliche Wunsch, ein Kind sollte in einer »zärtlichen Liebesnacht« gezeugt werden. Paare erfahren zu Beginn ihrer Bemühungen, ein Kind zu bekommen, deshalb manchmal sogar eine Intensivierung ihrer sexuellen Leidenschaft, die jedoch meist schnell abkühlt.

In die Paarberatung kommen die Paare dann mit der Frage, wie sie ihre Sexualität wieder beleben können. Manchmal gestehen sie ganz schamhaft, dass es kaum noch zu sexuellen Begegnungen kommt, weil es für beide Seiten nur noch unangenehm ist.

Bewährt hat sich der Rat, zwischen zweck- und lustorientierter Sexualität zu unterscheiden. Die Sexualität ist meist deshalb belastet, weil sich die Paare mit der Vorstellung überfordern, geplanten und lustvollen Sex gleichzeitig haben zu sollen. Wir raten dann, an den fruchtbaren Tagen der »ehelichen Pflicht« nachzukommen, die keinerlei Spaß machen muss und dafür an den Tagen, an denen keine Empfängnis stattfinden kann, sich ungezwungen den spielerisch-erotischen Aspekten der Sexualität hinzugeben. Sie könnten also einen Unterschied einführen zwischen den Anliegen »Kind machen« und »Liebe machen«. Fällt Ihnen diese Unterscheidung schwer, weil Sie es sich nicht vorstellen können, ein Pflichtprogramm zu absolvieren, kann Ihnen folgendes Vorgehen auch bei geplantem Sex die Sache erleichtern:

- Nehmen Sie sich *wirklich* Zeit, Sex zu planen. Überlegen Sie sich vorher, wo es stattfinden soll, ob Sie vielleicht Musik hören wollen, ob Sie vorher gemeinsam ein Glas Sekt trinken wollen oder ob Reizwäsche Sie vielleicht stimulieren könnte. Ein Aufenthalt in einem Hotelzimmer oder an anderen unbekannten Orten kann manchmal den »ehelichen Trott« unterbrechen.

- Aktivieren Sie gemeinsame angenehme sexuelle Phantasien. Erinnern Sie sich an gemeinsame sexuelle Begegnungen, die wirklich erfüllend für Sie waren.
- Probieren Sie aus, erotische Literatur oder Filme zur Stimulation zu benutzen. Es kann und darf durchaus sein, dass Sie unterschiedliche Bedürfnisse dabei haben: Respektieren Sie ihre unterschiedlichen Zugänge zu sexueller Erregung.
- Sprechen Sie über ihre sexuellen Vorlieben. Wenn sie unterschiedlich sein sollten, wechseln Sie sich einfach jedes Mal ab, je nach welchen Bedürfnissen Sie es diesmal »machen« wollen.
- Gestatten Sie sich aber auch Pausen. Eine bewusste sexuelle Enthaltsamkeit zur Regeneration kann manchmal neue Lust entfachen und ist nicht so selbstwertschädigend wie das ständige Vermeiden von Sexualität.

Bedenken Sie, dass guter Sex wie ein gutes Kunstwerk ist, beides kann nicht jede Woche geschaffen werden. Jedes Liebespaar sollte seinen eigenen Weg zu einer erfüllten Sexualität finden, was unter dem Druck, »es zu müssen« wie bei jedem anderen kreativen Akt grundsätzlich erschwert ist.

Leitfaden für den Umgang mit Familienfesten

Familienfeste empfinden viele Menschen bei aller Freude auch als Belastung – auch unter den glücklichsten Umständen. Für Paare mit unerfülltem Kinderwunsch werden sie häufig zur Herausforderung, die scheinbar kaum zu bewältigen ist. Erwartet werden unangenehme Fragen, aber auch das schlichte Ertragen neuen und alten Familienzuwachses mit dem Gefühl des eigenen Scheiterns an dieser Aufgabe.

- Überlegen Sie gut, zu welchen Festen Sie wirklich wollen. Sie haben jederzeit die Möglichkeit abzusagen. Wählen Sie aus!
- Planen Sie, wie Sie als Paar mit schwierigen Situationen umge-

hen werden. Hilfreich sind dafür unsere Vorschläge vom vorhergehenden Kapitel.
- Treffen Sie sich an bestimmten Festtagen mit anderen kinderlosen Paaren und meiden Sie für dieses Jahr z. B. das traditionelle Neujahrsfrühstück im Kreis der kinderreichen Freunde.
- Begründen Sie Ihre eigenen Feiertagstraditionen. Fahren Sie zusammen über die Osterfeiertage Ski oder verbringen Sie sie gemeinsam am Meer. Machen Sie eine eigene Weihnachtseinladung zu Ihrem Familienereignis und verdeutlichen damit, dass Sie sich auch ohne Kinder als Familie fühlen.
- Überlegen Sie gemeinsam, welchen Sinn bestimmte Feste im Jahr für Sie haben, was Ihnen daran wichtig ist und wie und mit wem Sie sie jetzt gestalten möchten.

Internet-Tipps

Eine der seriösen Möglichkeiten, die Patenschaft für ein ausländisches Kind zu übernehmen, bietet beispielsweise Plan International Deutschland (**www.plan-deutschland.de**).

Nützliche Adressen

Da der Schwerpunkt dieses Ratgebers auf den möglichen psychologischen Hilfen bei ungewollter Kinderlosigkeit liegt, haben wir auf die Angabe der Adressen der ca. 160 fortpflanzungsmedizinischen Zentren in Deutschland, Österreich und der Schweiz verzichtet. Ihr/e Frauenarzt/Frauenärztin sollte über die nächstgelegenen Zentren informiert sein und Ihnen entsprechende Adressen geben können.
Psychologische Hilfen können Sie unter folgenden Adressen erhalten:

Beratungsnetzwerk Kinderwunsch Deutschland (BKiD)
c/o Abt. für Medizinische Psychologie
Universitätsklinikum Heidelberg
Bergheimer Str. 20
63115 Heidelberg
Telefon: 0 62 21/56 81 37
Fax: 0 62 21/56 53 03
e-mail: info@bkid.de

Das BKiD versteht sich als Zusammenschluss der psychosozialen Berater und Beraterinnen in Deutschland, welche langjährige Erfahrungen in der psychologischen und psychosozialen Beratung bei unerfülltem Kinderwunsch und ungewollter Kinderlosigkeit haben. Das Beratungsnetzwerk bietet betroffenen Frauen und Männern Hilfe bei der Vermittlung von psychosozialer Beratung.

Bundesverband Pro Familia
Stresemannallee 3
60596 Frankfurt/Main
Telefon: 0 69/63 90 02
Telefax: 0 69/63 98 52

Pro Familia ist Träger von Beratungsstellen, in denen auch Paare mit unerfülltem Kinderwunsch beraten werden. Über den Bundesverband können Sie die Adresse der nächstliegenden Beratungsstelle erfahren.

Die entsprechende Anlaufstelle in der Schweiz:

Fondation Suisse pour la Santé sexuelle et reproductive (PLANES)
Case postale 313
CH-1000 Lausanne 9
Telefon: + 41 (21) 6 61 22 33
e-mail: info@plan-s.ch

und in Österreich:

Österreichische Gesellschaft für Familienplanung (ÖGF)
Semmelweis Frauenklinik
Bastiengasse 36–38
A-1180 Wien
Telefon: + 43 (1) 478 52 42
e-mail: e.pracht@oegf.at

Deutsche Gesellschaft für Psychosomatische Geburtshilfe und Gynäkologie
Maistraße 11
80337 München
e-mail: neises.mmh@gmx.de

Diese Gesellschaft ist der Dachverband der Frauenärzte und -ärztinnen, welche die seelische Seite der Frauenheilkunde mitberücksichtigen wollen und die dementsprechend häufig eine psychotherapeutische Zusatzausbildung haben.

Feministisches Frauengesundheitszentrum
Bamberger Str. 51
10777 Berlin
Telefon: 0 30/2 13 95 97

Viele Frauengesundheitszentren bieten Beratungs- und Unterstützungsangebote für Frauen mit unerfülltem Kinderwunsch an. Das Berliner Frauengesundheitszentrum gibt Ihnen Auskunft, in welchen Städten sich Frauengesundheitszentren befinden.

Malteser Arbeitsgruppe
Natürliche Familienplanung
Kalker Hauptstr. 22–24
51103 Köln
Telefon: 02 21/98 22 01

Die Malteser Arbeitsgruppe »Natürliche Familienplanung (NFP)« vermittelt Adressen von Beratern und Beraterinnen, die beim Erlernen der Methoden der natürlichen Familienplanung behilflich sind. Sie verschickt auch Informationsmaterial bei Kinderwunsch.

Wunschkind e. V.
Verein der Selbsthilfegruppen für Fragen ungewollter Kinderlosigkeit
Fehrbelliner Str. 92
10119 Berlin
Telefon + Fax: 01 80/5 00 21 66 (hotline: Di. 19–21.00 h)
e-mail: wunschkind@directbox.com

Dieser überregionale Verein organisiert und koordiniert den Erfahrungs- und Meinungsaustausch von Selbsthilfegruppen und unterstützt Betroffene bei der Neugründung einer eigenen Gruppe. Gegen Rückporto können Sie Informationsblätter und eine Broschüre erhalten. »Wunschkind« gibt außerdem für seine Mitglieder das Nachrichtenblatt »Blickpunkt« heraus. Es sind allerdings nicht alle Selbsthilfegruppen in Deutschland dieser Dachorganisation angeschlossen.

Initiative Regenbogen
»Glücklose Schwangerschaft« e. V.
In der Schweiz 9
72636 Frickenhausen
Telefon: 0 55 65/13 64
e-mail: BV@initiative-regenbogen.de

Die entsprechende Anlaufstelle in der Schweiz:
Regenbogen (eigenständiger Verein)
zu Hd. Frau Agnes Maire
Krähenbergstr. 13
CH-2543 Legnau
e-mail: gandalf@solnet.ch

und in Österreich:
Regenbogen
zu Hd. Frau Ulrike Kern
Zirkusgasse 28/9
A-1020 Wien/Österreich
Telefon: 02 22/214 72 34

Diese Initiativen vermitteln Ansprechpartner beim Verlust eines Kindes vor, während oder nach der Geburt und versenden auch Informationsmaterial.

Die folgenden Organisationen sind Träger von Ehe-, Familien- und Lebensberatungsstellen, in denen zum Teil auch psychologische Beratung bei unerfülltem Kinderwunsch angeboten wird:

Arbeiterwohlfahrt Bundesverband e. V.
Oppelner Str. 130
53119 Bonn
Telefon: 02 28/66 85-0
Telefax: 02 28/66 85-209
e-mail: Info@awobu.awo.org

Der Paritätische Wohlfahrtsverband
Heinrich-Hoffmann-Str. 3
60528 Frankfurt am Main

Deutscher Caritasverband e. V.
Karlstr. 40
79104 Freiburg

Deutsches Rotes Kreuz
Friedrich-Ebert-Allee 71
53113 Bonn

Diakonisches Werk der Evangelischen Kirche in Deutschland e. V.
Referat Familienberatung/Familienhilfe
Frau Claudia Henkel
Stafflenbergstr. 76
70184 Stuttgart
e-mail: ismo@diakonie.de

Geschäftsstelle in der Schweiz:
Diakonieverband der Schweiz
Frau Christine Schneider-Oesch
Sihlstr. 33
CH – 8021 Schweiz
Telefon + Fax: 0041–1 211 88 27
e-mail: diakonieverband@swissonline.ch

Geschäftsstelle in Österreich:
Diakonisches Werk Österreich
Herr Pfarrer Mag. Michael Chalupka
Trautsong 8
A – 1080 Wien
Telefon: 0043–1409 8001
Fax: 0043–1409 8001 20

Wenn Sie auf der Suche nach Psychotherapiemöglichkeiten sind, können Sie bei diesen Organisationen nachfragen:

Psychotherapie-Informations-Dienst (PID)
Heilsbachstraße 22–24
53123 Bonn
Telefon: 02 28/74 66 99
e-mail: wd-pid@t-online.de

Vereinigung der Kassenpsychotherapeuten
Riedsaumstr. 4 a
67063 Ludwigshafen
Telefon: 06 21/63 70 15
Telefax: 06 21/63 70 16
e-mail: info@vereinigung.de

Sie können sich auch direkt bei Ihrer Krankenkasse erkundigen: Jede Krankenkasse verfügt über Adresslisten von Vertragsbehandlern, also Ärztlichen und Psychologischen Psychotherapeuten, welche von der Krankenkasse anerkannt sind.

Anlaufstelle in der Schweiz:
Schweizer Psychotherapeutenverband (SPV)
Association Suisse des Psychothérapeutes (ASP)
Weinbergstr. 31
CH-8006 Zürich
Telefon: (1) 266 64 00

und in Österreich:
Österreichische Bundesverband für Psychotherapie (ÖBVP)
A-1010 Wien
Rosenbursenstraße 8/3/7
Telefon: 01/512 70 90
Telefax: 01/51 270 914
e-Mail: oebvp@psychotherapie.at

Informationen über regionale Selbsthilfegruppen in Deutschland sind zu bekommen über:

Deutsche Arbeitsgemeinschaft Selbsthilfegruppen e. V.
Friedrichstr. 28
35392 Gießen
Tel.: 06 41/70 24 78

Nationale Kontakt- und Informationsstelle zur Anregung und Unterstützung von Selbsthilfegruppen (NAKOS)
Albrecht-Achilles-Str. 65
10709 Berlin
Tel: 0 30/8 91 40 19

Über Adoptiv- und Pflegekindfamilien können Sie sich unter nachstehenden Adressen informieren:

Bundesverband für Eltern, Pflegeeltern und Tagesmütter e. V.
Postfach 10 06
40636 Meerbusch
Tel.: 0 21 32/7 65 24

Bundesverband der Pflege- und Adoptiveltern e. V.
Am Stockborn 5–7
60439 Frankfurt/M.
Tel.: 0 69/9 79 86 70
e-mail: pfad-bv@t-online.de

Arbeitskreis zur Förderung von Pflegekindern
Geisbergstr. 30
10777 Berlin
Tel.: 0 30/2 11 10 67

Dieses Adressverzeichnis erhebt keinen Anspruch auf Vollständigkeit und ist ohne Gewähr erstellt. Änderungen sind nicht ausgeschlossen und jederzeit möglich.

Erklärung von Fachausdrücken

Abort: Fehlgeburt, am häufigsten im ersten Drittel der Schwangerschaft.
Adhäsiolyse: Lösen von Verwachsungen auf operativem Weg.
Adnexitis: Entzündung von Eileiter und Eierstock, meist durch aufsteigende Infektionen.
Amenorrhoe: völliges Ausbleiben der Periode über mindestens sechs Monate, ohne dass eine Schwangerschaft vorliegt.
Amniozentese: Fruchtwasserpunktion, meist in der 15.–17. Schwangerschaftswoche zur Beurteilung des Chromosomensatzes des Kindes.
Anamnese: Krankenvorgeschichte.
Androgene: männliche Hormone, werden bei der Frau in Nebenniere und Eierstock gebildet. Bei ihr bremsen sie das FSH-Hormon, die Eireifung und stören den normalen Zyklusablauf.
Androloge: auf männliche Fruchtbarkeitsstörungen spezialisierter Arzt.
Andrologie: Zweig der Medizin, der sich mit der Fruchtbarkeit des Mannes beschäftigt.
andrologische Sterilität: Unfruchtbarkeit des Mannes.
Antikörper: körpereigener Abwehrstoff.
Anorexie: Magersucht, Form der Essstörung, geht mit tiefgreifenden Zyklusstörungen einher. Muss meistens psychotherapeutisch behandelt werden.

Anovulation: Ausbleiben des Eisprungs.
Ascites: freie Flüssigkeit im Bauchraum.
Assisted hatching: künstliches Eröffnen der den Embryo umgebenden Schutzhülle (Zona pellucida).
Asthenozoospermie: Einschränkung der Spermienbeweglichkeit.
Autoimmunerkrankungen: Erkrankungen, bei denen der Körper Antikörper gegen körpereigene Gewebe bildet, z. B. Rheuma, Lupus oder verschiedene Schilddrüsenerkrankungen.
Azoospermie: völliges Fehlen von Samenzellen im Samenerguss.
Basaltemperatur (BTK): Aufwachtemperatur, genaueste Werte bei Messung im Darm, **-kurve:** Aufzeichnung der morgendlichen Körpertemperatur vor dem Aufstehen, Anstieg um mindestens 0,5 °C zum Zeitpunkt des Eisprungs.
Befruchtung: Vereinigung von Ei- und Samenzelle (und anschließende Entstehung eines eigenen genetischen Lebens).
Biopsie: Gewebsprobe vom lebenden Menschen.
Blastozyste: Teilungsstadium des Embryos zum Zeitpunkt der Einnistung, Zellhohlkugel, Keimbläschen.
Bulimie: Ess-/Brechsucht, Essstörung, muss meistens psychotherapeutisch behandelt werden.
Cervix (Zervix): Gebärmutterhals.
Chlamydien: bakterielle Erreger, die hauptsächlich für entzündliche Eileiterschäden verantwortlich sind.
Chorionzottenbiopsie: bereits in der 7.–11. Schwangerschaftswoche ausführbare genetische Diagnostik.
Chromopertubation: Durchspülung der Eileiter mit einem Farbstoff, um die Durchgängigkeit zu prüfen.
Chromosomen: Träger der Erbsubstanz; doppelt vorhanden.
Chromosomenanomalie: Störung der Chromosomenzahl.
Clomiphen (Clomifen): synthetisches Hormon, gebräuchlichstes Medikament zur Anregung des Follikelwachstums in Tablettenform.
Corpus luteum: Gelbkörper, umgewandeltes Eibläschen nach dem Eisprung, produziert das Gelbkörperhormon Progesteron.
DHEAS: Dehydroepiandrosteronsulfat, männliches Hormon der Nebenniere.

DIR: Deutsches IVF Register, dokumentiert Behandlungszyklen und Schwangerschaftsraten nach IVF bzw. ICSI.
Downregulation: »Herunterfahren« der Eierstocksfunktion mittels GnRH-Analoga zur Behandlung von Myomen, Endometriose und zur Vorbereitung einer IVF-Behandlung (»künstliche Wechseljahre«).
Dysmenorrhoe: schmerzhafte Periodenblutung, z. B. bei Endometriose.
Dyspareunie: Schmerzen beim Ausüben des Geschlechtsverkehrs.
Ejakulation: Samenerguss.
Embryo: Keimling (bei Säugetieren), frühe Bezeichnung des Babies im Mutterleib bis zum Ende des ersten Schwangerschaftsdrittels.
Embryo-Transfer (ET): Übertragen von (extrakorporal gezeugten) Frühembryonen (im zwei- oder vier-Zellstadium) in die Gebärmutter im Rahmen der In-vitro-Fertilisation.
Endometriose: Gebärmutterschleimhaut-ähnliches Gewebe wächst an falscher Stelle, z. B. im kleinen Becken, am Bauchfell, an den Eierstöcken oder in der tiefen Bauchhöhle, führt häufig zu Unfruchtbarkeit und starken Menstruationsbeschwerden.
Endometrium: Gebärmutterschleimhaut.
Endoskopie: Spiegelung von Körperhöhlen, in der Frauenheilkunde insbesondere Bauchspiegelung.
Epididymis: Nebenhoden.
Erektion: Versteifung des Penis.
extrakorporal: außerhalb des Körpers.
Extrauteringravidität (EUG): Schwangerschaft außerhalb der Gebärmutter, meist Eileiterschwangerschaft.
Fertilisation: Befruchtung, Eindringen einer Samenzelle in eine Eizelle.
Fertilität: Fruchtbarkeit.
Fötus: auch Fetus, Kind im Mutterleib nach dem 3. Schwangerschaftsmonat, d. h. nach Abschluss der Organentwicklung.
Follikel: heranreifendes Eibläschen im Eierstock.
Follikelpunktion: Absaugen von Eibläschen zur Gewinnung von Eizellen.

Follikel Stimulierendes Hormon (FSH): (der Hirnanhangdrüse) lässt Eizellen reifen – regt den Eierstock der Frau zur Follikelreifung und zur Bildung von Östrogenen an, beim Mann die Samenzellreifung.
Gameten: Keimzellen, d. h. Samenzellen und Eizellen.
Gamete-Intra-Fallopian-Transfer (GIFT): selten gewordenes operatives Übertragen von Ei- und Samenzellen in den Eileiter (2001 nur 0,03% der Behandlungen in Deutschland).
Genitalien: Geschlechtsteile.
Gestagen: Gelbkörperhormon.
GnRH-Analoga: Medikamente, die die Funktion des Eierstocks unterdrücken.
Gonadotropine: die Hormone LH und FSH der Hirnanhangdrüse, die die Tätigkeit des Eierstocks stimulieren, als Medikament zur hormonellen Stimulation verwendet.
gonadotropin-releasing-hormone (GnRH): Hormon des Hypothalamus im Mittelhirn, das die Hirnanhangdrüse zur Ausschüttung der den Eierstock stimulierenden Hormone LH und FSH anregt.
Gravidität: Schwangerschaft.
Gynäkologe: Frauenarzt.
Gynäkologie: Frauenheilkunde.
heterologe Insemination: Einbringen von Spendersamen in die Gebärmutter bei Unfruchtbarkeit des Mannes.
Hodenbiopsie: Gewebsentnahme aus dem Hoden.
Homöopathie: Heilverfahren, bei dem Kranke mit kleinsten Dosen der Mittel behandelt werden, die bei Gesunden ähnliche Krankheitserscheinungen hervorrufen würden.
Hormone: körpereigene Botenstoffe.
humanes Choriogonadotropin (HCG): Schwangerschaftshormon, wird ausschließlich während der Schwangerschaft gebildet; als Medikament zur Auslösung des Eisprungs und zur hormonellen Unterstützung der zweiten Zyklushälfte genutzt; kann einige Tage nach der Einnistung im mütterlichen Blut nachgewiesen werden.
humanes Menopausengonadotropin (HMG): Gemisch aus den Hirnanhangdrüsenhormonen LH und FSH, wird aus dem Urin von Frauen nach den Wechseljahren gewonnen, als Medikament zur hormonellen Anregung des Eierstocks genutzt.

Hyperandrogenämie: Hormonstörung, im weiblichen Körper werden zu viel männliche Hormone gebildet.
hyperandrogenämische Ovarialinsuffizienz: eingeschränkte Eierstockstätigkeit aufgrund erhöhter männlicher Hormone.
Hypermenorrhöe: verstärkte Regelblutungen.
Hyperprolaktinämie: erhöhte Produktion des Hormons Prolaktin (im Blut erkennbar), führt zu Zyklusstörungen.
Hyperthyreose: Überfunktion der Schilddrüse, beeinflusst die Fruchtbarkeit.
Hypophyse: Hirnanhangsdrüse, schüttet die Gonadotropine zur Stimulation der Eierstöcke aus, daneben auch Hormone zur Stimulation von Schilddrüse und Nebenniere, Prolaktin und Wachstumshormone.
Hypothalamus: Teil des Mittelhirns, von dem pulsförmig GnRH zur Stimulation der Hirnanhangdrüse ausgeschüttet wird.
Hypothyreose: Unterfunktion der Schilddrüse, häufig durch Jodmangel bedingt.
Hysterosalpingographie (HSG): röntgenologische Darstellung der Eileiter.
Hysteroskopie (HSK): Spiegelung der Gebärmutter.
idiopathische Sterilität: langjährige Unfruchtbarkeit, für die es keine erkennbare (organische oder seelische) Ursache gibt. Nicht gleichzusetzen mit psychisch bedingter Fruchtbarkeitsstörung.
immunologische Sterilität: Unfruchtbarkeit durch körpereigene Abwehrstoffe gegenüber Spermien im Gebärmutterhalssekret oder Ejakulat.
Implantation: Einnistung des Embryos.
Impotentia coeundi: Impotenz durch die Unfähigkeit des Mannes, Geschlechtsverkehr auszuüben, meist durch Störung der Erektion.
Impotentia generandi: Unfähigkeit zur Zeugung, z. B. weil keine Spermien im Ejakulat enthalten sind.
Infertilität: Unfruchtbarkeit, bezeichnet die Unfähigkeit, die eingetretene Schwangerschaft auszutragen – im Gegensatz zur Sterilität.
Intrauterine Insemination (IUI): Übertragen einer dafür vorbereiteten Samenprobe in die Gebärmutter zum Zeitpunkt des Eisprungs, Maßnahme der künstlichen Befruchtung.

intracytoplasmatische Spermieninjektion (ICSI): Injektion einer einzelnen Samenzelle direkt in die Eizelle mit Hilfe von so genannten Mikromanipulatoren bei Fällen von extrem eingeschränkter männlicher Zeugungsfähigkeit.
In-vitro-Fertilisation (IVF): so genannte Reagenzglasbefruchtung, künstliche Befruchtungs-Maßnahme, bei der nach Punktion der Eibläschen die Befruchtung außerhalb des Körpers im Reagenzglas stattfindet, die Embryonen werden meist nach 48 Std. unter Umgehung des Eileiters direkt in die Gebärmutter transferiert.
Karenz: sexuelle Enthaltsamkeit.
Katheter: hier meist ein kleiner, schmiegsamer, dünner Plastikschlauch, der in Körperöffnungen eingeführt werden kann.
Klimakterium: Wechseljahre.
Klimakterium praecox: vorzeitiger Eintritt in die Wechseljahre.
Konzeptionsoptimum: Tage um den Eisprung herum, an dem die Wahrscheinlichkeit, schwanger zu werden, am größten ist.
Kryokonservierung: Tieffrieren und Lagerung von Samenzellen oder Zellen im Vorkernstadium in flüssigem Stickstoff.
Kryo-TESE: Tieffrieren von Hodenbiopsien, um darin befindliche Spermien später nach hormoneller Stimulation der Frau zur intracytoplasmatischen Spermieninjektion nützen zu können.
Kryptozoospermie: eingeschränkte männliche Fruchtbarkeit mit weniger als eine Million Spermien pro Milliliter.
Laparoskopie: Bauchspiegelung, operativer Eingriff zur Beurteilung der Eileiterdurchgängigkeit und zu Sterilitätsoperationen am inneren Genitale.
LH-Peak: massive Ausschüttung des luteinisierenden Hormons in Zyklusmitte zur Auslösung des Eisprungs.
LH-Stick: Urin-Teststäbchen zur Bestimmung des Eisprungtermins.
Libido: sexuelle Lust.
Lutealinsuffizienz: Gelbkörperschwäche.
Lutealphase: Zyklushälfte nach dem Eisprung, in der das Gelbkörperhormon Progesteron vorherrscht.
Luteinisierungshormon (LH): Hormon der Hirnanhangdrüse, das im Eierstock in der Zyklusmitte den Eisprung auslöst, kann zur

Überwachung des Eisprungs im Blut oder im Urin bestimmt werden; beim Mann regt es die Testosteronbildung an.
Masturbation: Selbstbefriedigung.
Menarche: erste Periode im Leben einer Frau.
Menopause: Ende der weiblichen Fortpflanzungsfähigkeit, letzte Periodenblutung vor dem Klimakterium, meist mit 45 bis 50 Jahren.
Mens(is): siehe Menstruation.
Menstruation: Monatsblutung der Frau, Periodenblutung, durch Abstoßung der Gebärmutterschleimhaut verursacht.
microsurgical epididymal sperm aspiration (MESA): Gewinnung von Samenzellen direkt aus dem Nebenhoden für die künstliche Befruchtung.
Mikroinjektion: siehe ICSI.
Monitoring: Zyklusüberwachung mit Ultraschall, Hormonbestimmungen, ggf. Mukusprüfung.
Motilität: Beweglichkeit von Spermien.
Mukus: Schleim des Gebärmutterhalses, in Zyklusmitte fadenziehend und verflüssigt.
Myom: gutartige Muskelgeschwulst der Gebärmutterwand, je nach Lage und Größe Ursache für Unfruchtbarkeit oder auch Blutungsstörungen.
Normozoospermie: normaler Spermienbefund.
OAT-Syndrom: Kombination aus Oligo-, Astheno- und Kryptozoospermie.
Östradiol: stärkstes Östrogen.
Östrogen: weibliches Geschlechtshormon, wird im Eierstock gebildet, hat Einfluss auf die Entwicklung der weiblichen Geschlechtsmerkmale, den Knochenstoffwechsel und die zyklischen Körperveränderungen.
Oligomenorrhoe: Periodenblutung mit Intervallen von mindestens 35 Tagen (zu seltene Regel).
Oligozoospermie: verringerte Samenzahl mit weniger als 20 Millionen Spermien pro Milliliter.
Onkologie: Lehre von den Tumorerkrankungen.
Oozyten: Eizellen.

Oozytenspende: Eizellspende, in Deutschland, Österreich und der Schweiz verboten.
Ovar, pl. **Ovarien:** Eierstock, Keimdrüsen der Frau.
Ovarialinsuffizienz: eingeschränkte Funktion des Eierstocks, die von der Gelbkörperschwäche bis zum vollständigen Versagen des Eierstocks führen kann.
Ovulation: Eisprung, Follikelsprung; Zeitpunkt, zu dem die reife Eizelle für 12–24 Std. befruchtet werden kann.
Ovulationsinduktion: medikamentöse Auslösung des Eisprungs.
Ovum: Eizelle.
partieller Abort: unvollständige Fehlgeburt.
pathologischer Zervixfaktor: Unfruchtbarkeit, die durch Veränderungen des Schleims des Gebärmutterhalses bedingt ist.
Perturbation: Durchblasung (der Eileiter).
Phytotherapie: Naturheilkundliche Behandlung mit Arzneipflanzen.
Plazenta: Mutterkuchen, für das Wachstum des Kindes im Mutterleib, Nachgeburt.
Polymenorrhöe: zu häufige Regelblutungen.
Polyzystische Ovarien (PCO): häufige Ursache von Zyklusstörungen mit vergrößerten Eierstöcken, Ovulationsstörungen, Verschiebung der Hirnanhangsdrüsenhormone LH und FSH und Erhöhung der männlichen Hormone.
Portio: Teil des Gebärmutterhalses, der in die Scheide hineinragt, äußerer Muttermund.
Postkoital-Test: Nachweis von beweglichen Spermien im Gebärmutterhalsschleim unter dem Mikroskop nach dem Geschlechtsverkehr zum Ausschluss einer verminderten Durchlässigkeit des Schleims.
Präimplantationsdiagnostik: Entnahme einzelner Zellen des Embryos im Sechs- bis Achtzellstadium in Rahmen einer IVF-Behandlung zur Diagnose schwerer Erbkrankheiten. In Deutschland, Österreich und der Schweiz nicht erlaubt.
prämenstruelles Syndrom (PMS): verschiedene seelische und körperliche Veränderungen wie Brustspannen, die sieben bis zehn Tage vor der Regelblutung auftreten und mit ihrem Beginn wieder verschwinden.

Progesteron: Gelbkörperhormon, das nach dem Eisprung im Gelbkörper gebildet wird und die Gebärmutterschleimhaut für die Einnistung des Embryos umwandelt.
Prolaktin: Hypophysenhormon; steuert die Milchbildung; kann bei Erhöhung Eireifung oder Eisprung stören, auch Stresshormon genannt.
Pronukleus: so genannter Vorkern; beim Ablauf der normalen Befruchtung hat die Eizelle zwei Pronuklei: jeweils die Erbinformation der Frau und des Mannes vor der Verschmelzung.
Pronukleusstadium: Vorkernstadium der Eizelle, wird etwa 12–20 Std. nach In-vitro-Fertilisation beobachtet.
Psyche: seelische Verfassung.
Psychogen: seelisch bedingt.
Psychosomatik: die Lehre von der Einheit von Seele und Körper.
Refertilisierung: mikrochirurgische Operation zur Wiederherstellung der Eileiterpassage nach Sterilisation.
Reproduktionsfähigkeit: Fortpflanzungsfähigkeit.
Reproduktionsmedizin: Fortpflanzungsmedizin.
Rezidiv: Wiederauftreten einer Krankheit nach Abheilung.
Salpinx: Eileiter, siehe auch Tube.
Scheidenseptum: Trennwand in der Scheide.
Sims-Huhner-Test: gebräuchlichster Test zum Nachweis von beweglichen Samenzellen im Gebärmutterhalsschleim, siehe auch Postkoitaltest.
Sonographie: Ultraschalluntersuchung.
Spasmen: Verkrampfungen.
Spekulum: Scheidenspiegel, mit dem die Scheide bei der frauenärztlichen Untersuchung entfaltet wird.
Sperma, Spermien, Spermatozoen: Samenzellen des Mannes.
Spermatozoenantikörper: Antikörper gegen Samenzellen in der Samenflüssigkeit oder im Gebärmutterhalsschleim, können die Beweglichkeit der Samenzellen durch Verklumpung einschränken.
Spermiogramm: Beurteilung des Samenbefundes nach Zahl, Beweglichkeit und Form.

Sterilisation: Unterbrechung der Eileiter meist operativ über Bauchspiegelung zur endgültigen Empfängnisverhütung, beim Mann Unterbrechung der Samenleiter.
Sterilität: Unfruchtbarkeit, bezeichnet die Unfähigkeit, überhaupt schwanger zu werden.
Stimulation: Anregung, Erregung (hier: medikamentöse Anregung zur Entwicklung von Eibläschen in den Eierstöcken).
Subfertilität: eingeschränkte Fruchtbarkeit.
Symptom: Beschwerden.
Teratozoospermie: vermehrte Rate von fehlgebildeten Spermien.
Testes: Hoden.
testicular sperm extraction (TESE): Gewinnung von Samenzellen direkt aus dem Hodengewebe für künstliche Befruchtung (operative Entnahme).
Testosteron: männliches Geschlechtshormon, hat Einfluss auf die männlichen Geschlechtsmerkmale und Samenzellbildung.
Therapie: Behandlung.
Thyreotropin releasing hormon, auch: thyreoideastimulierendes Hormon (TSH): Schilddrüse stimulierendes Hormon, wird von der Hirnanhangdrüse ausgeschüttet.
Tripel-Test: Bluttest zur Diagnostik von Neuralrohrdefekten beim Feten.
tubare Sterilität: Unfruchtbarkeit aufgrund eines Eileiterverschlusses.
Tubargravität: Eileiterschwangerschaft, Fehleinnistung der Schwangerschaft im Eileiter.
Tube: Eileiter der Frau; Transportorgan für Eizellen und Spermien oder für den Embryo zur Gebärmutter, Ort der natürlichen Befruchtung.
Überstimulation: die zu starke und nicht erwünschte Reaktion der Eierstöcke auf eine hormonelle Stimulationsbehandlung mit Eierstockzysten und Ascites, meist spontane Rückbildung, gelegentlich stationärer Aufenthalt notwendig.
unexplained infertility: ungeklärte Unfruchtbarkeit (idiopathische Sterilität).
Urologe: Arzt für Nieren und Harnwege.

Uterus: Gebärmutter.
Vagina: Scheide der Frau.
Vaginalsonographie: Ultraschall durch die Scheide.
Vaginismus: unwillkürlicher Scheidenkrampf bei Einführen des Penis, meist seelisch bedingt.
Varikozele: Krampfader der Hodenvene, sehr selten ursächlich für eine Einschränkung der männlichen Fruchtbarkeit.
Vorkernstadium: siehe Pronukleusstadium.
Zervix: Gebärmutterhals.
Zona pellucida: die Eizelle und später den Embryo umgebende Schutzhülle.
Zyklus: der Kreislauf Eireifung – Eisprung – Befruchtung – Einnisten der Schwangerschaft bzw. Menstruation bei ausbleibender Befruchtung.
Zyklusmonitoring: Überwachung der Follikel- und Eizellreifung mittels Ultraschall und Hormonblutbestimmungen.
Zyste: mit Flüssigkeit gefüllter Hohlraum.

Korrespondenzadresse:
Dipl.-Psych. Dr. Tewes Wischmann
Abt. für Medizinische Psychologie
Universitätsklinikum Heidelberg
Bergheimer Straße 20
D-69115 Heidelberg

Dipl.-Psych. Dr. Heike Stammer
Frauenklinik
Universitätsklinikum Heidelberg
Voßstraße 9
D-69115 Heidelberg